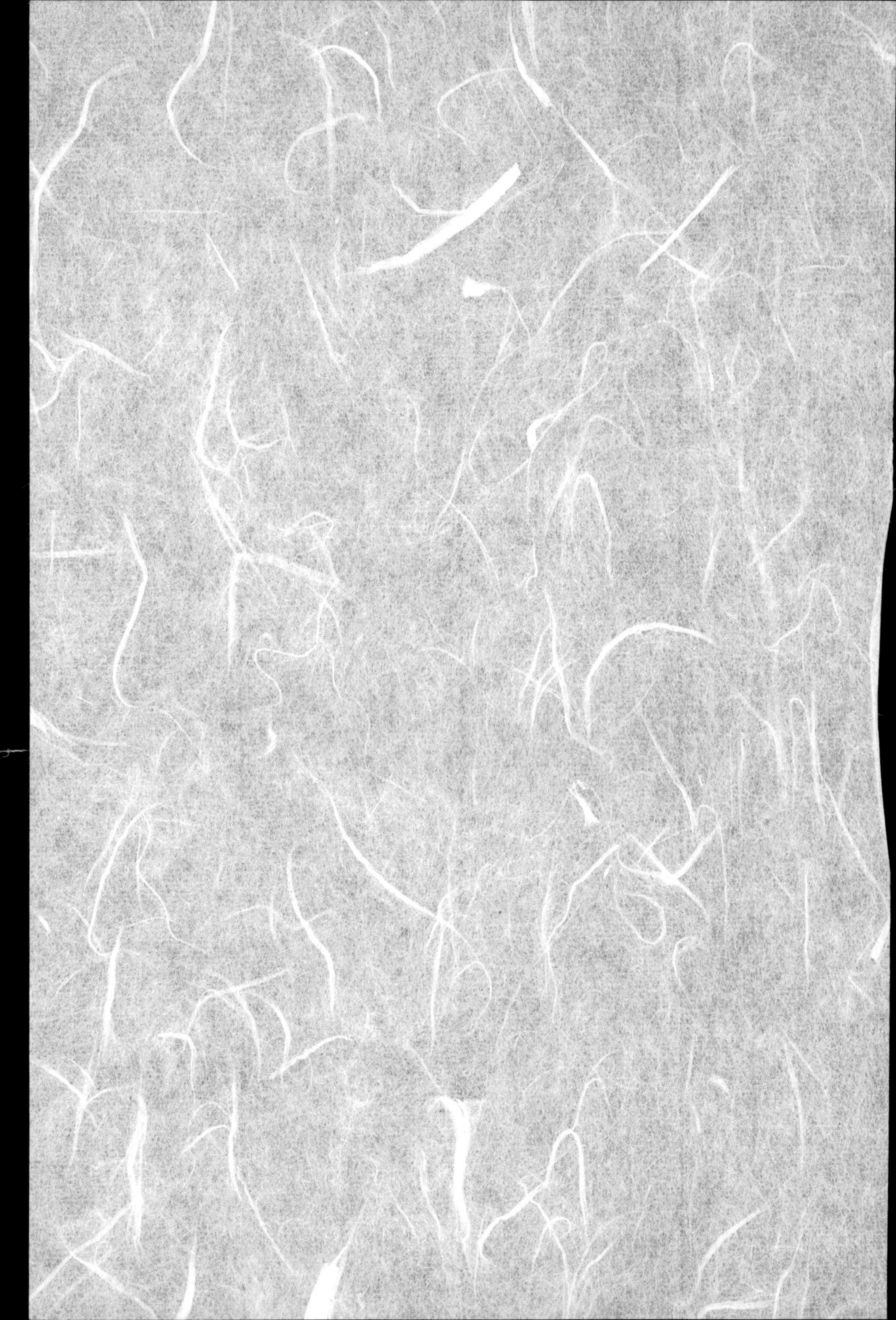

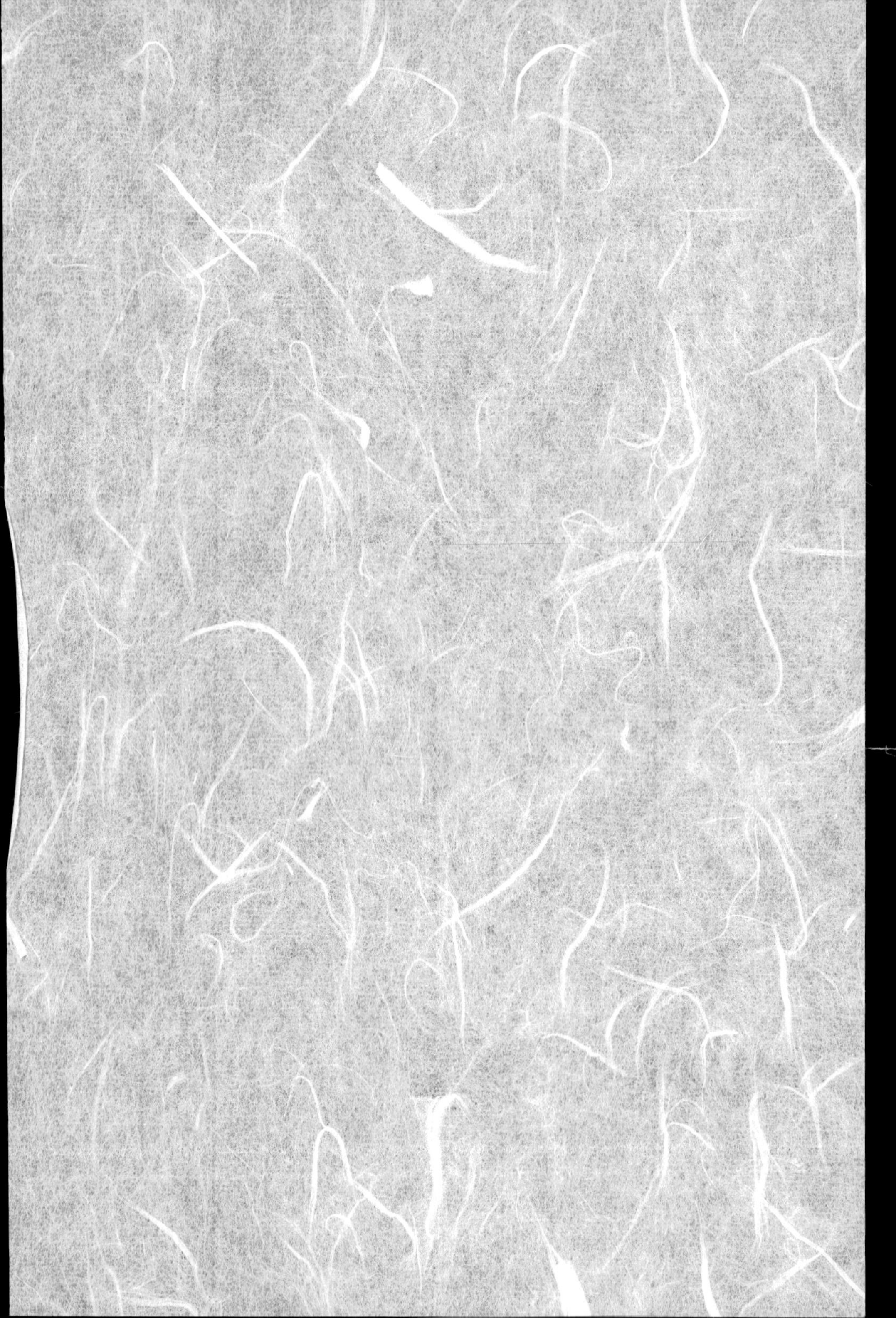

岸田吟香傳
山本巖

岸田吟香傳　目次

例言

本書は、岸田吟香の生涯を復元するために、執筆される。とは言え、ある個人の生涯を正確に復元するためには、多くの困難に直面しなくてはならない。

たとえば、『孟子』盡心（じんしん）下篇には、

孟子曰く、盡（ことごと）く書を信ずれば、書無きに如（しか）ず、と。


と書かれている。「書物に書かれていることのすべてを、妄信するならば、書物などない方がましだ」というのである。

一読、孟子の所説は、至極もっともなように思われる。だが、孟子は、これに続けて、

吾、武成においては、二・三策を取るのみ矣（断定の語気詞）。仁人、天下に敵無し。至仁を以て至不仁を討つ。而（しかる）に、何ぞ血の杵（たて）を流さんや也（疑問の語気詞）。


「武成」というのは、『尚書』という中国古代の歴史書の中の一篇であった。また、「策」というのは、文字を書き記すための竹片である（当時は、紙が存在しなかった）。

『尚書』の武成篇には、周の武王が、殷の紂（ちゅう）王を武力で倒した時、大規模な武力衝突が起こり、武具の「杵（たて）」が流れるほど、多量の血がながされた、と書かれていたそうである。

だが、孟子に言わせれば、そういうことはあり得たはずがない。何となれば、周の武王は、「至仁」（完全無欠な人格者）であり、一方、殷の紂王は、「至不仁」（一片の倫理道徳もない人間失格者）であったので、前者は後者を打倒するのに、何らの武力を用いる必要もなかったのだ、というのである。

今日のわれわれは、孟子のこの所説には、にわかには同意しがたい。何となれば、王朝の交代は、倫理の在・不在によってではなく、経済力・軍事力の強弱によって決定されるのが通例だからである。

つまり、われわれは、『孟子』盡心篇の記載の前段には、容易に同意することはできるが、後段には、必ずしも同意することはできないのである。だから、わたくしは、個人の傳記を執筆する場合、資料の取捨・弁別には、細心の注意を払わなくてはならないと思う。

わたくしは、岸田吟香の傳記を執筆するにあたり、以下の点に留意した。

一　資料は、基本的には、岸田吟香が自分の経歴を述べたものを採用する。ただし、吟香自身も、記憶ちがいを免れることはできない。また、「筆の走り」がないとも限らない。その場合には、若干の注釈をおぎなった。

二　これに続く資料は、吟香の家族たちの証言である。

三　吟香の友人・知人の証言も重要であるが、これには取捨選択の必要があろう。

四　引用は、なるたけ原典を引用するが、岸田吟香が生きた、幕末・明治時代は、漢文が日常的に使われていた。だが、今日の読者はすでに、漢文にはなじみがなくなってしまっている。そこで、便法として、漢文を引用する際には、原文を書き下し文にせざるを得ない。

五　漢字は、なるたけ通行の常用漢字を用いるが、常用漢字が原文とあまりにかけはなれている場合、もとの漢字（正字）を使用することにする。たとえば、「當」の字は、現在「当」と略されているが、もとの漢字を推量することさえ困難である。そういう場合は、敢えて、「當」の字を使用する。

六　吟香には、書き癖がある。例えば、「行つて」と書くべきところ、かれの原稿には、「いて」となっているところが少なくない。その場合は、「い〔ツ〕て」と、促音を補った。

七　また、出典は通例、章の終わりにまとめて置かれるが、本書においては、本文の中に書き込んでしまうことにする。その方が、読者には、理解が容易であると考えるからである。

八　年號は、幕末・維新の時代はもとより、その後の時代も、元號と西暦とを併記することにする。

序章　岸田吟香の発見者・圓地與志松氏

にすることにする。

一　圓地與志松氏小傳

本稿を草するに當たり、岸田吟香に関する資料を発掘・紹介した、圓地與志松氏の傳記を紹介すること

圓地氏は、明治二十八年（一八九五年）、石川県に生まれた。

かれの詳しい経歴については、わたくしの知るところではないが、かれには、「有川治助氏を悼む」という一文があり（『社會及國家』第一九三號、昭和七年、一九三二年、四月號）、この中に、自身の経歴も記されているので、これを摘録することにする。

圓地與志松氏は、大正九年（一九二〇年）七月、東京帝国大学法学部を卒業した。かれの指導教官は、吉野作造教授であった。この年の日本は、大恐慌であったので、圓地氏は、希望した古河鉱業には入れなかったので、朝鮮銀行に入ることになった。なぜ、吉野教授が圓地氏を朝鮮銀行に向けたかといえば、有川治助（明治二十年、一八八七年―昭和七年、一九三二年）から新卒の学生の推薦を依頼されていたからである。その結果、圓地氏は、朝鮮銀行東京支店の調査部に配置され、有川がかれの上司になった。その結果、圓地氏は、有川の指導の下で、「満蒙から支那にかけての」経済問題の分析と論文の執筆に従事することになった。

圓地氏は、大正十一年（一九二二年）十一月、朝鮮銀行を退社して、東京日日新聞社に転じることになる。そして、昭和二年（一九二七年）七月、かれは、ベルリン特派員になり、外遊の途に上る。その頃、かつての上司・有川は、病気のために、朝鮮銀行を休職から退職へと追い込まれていたが、圓地氏は、ベルリンで、有川の著書『ヘンリー・フォード』が改造社から出版され、ベスト・セラーになったことを知

り、かつての上司のために喜んだ。

昭和四年（一九二九年）八月十五日、圓地氏は、飛行船「ツェペリン伯」號に乗り、ドイツを離れて帰国の途に就き、同月十九日、霞ケ浦に安着した。かれの「ツェペリン伯號同乗日記」が東京日日新聞の紙面を飾ったことは言うまでもない。

もっとも、雑誌『婦女界』、昭和四年（一九二九年）十月号には、「ツェ伯號同乗記者・圓地與志松氏の家庭哀話」が載せられ、ひとびとの涙をそそった。圓地氏がまだベルリンに滞在中の昭和三年（一九二八年）、実母・愛妻・実父があいついで、この世を去ってしまったのである。しかし、同誌、昭和五年（一九三〇年）六月号には、「新婚風景」の題で、同年三月に上田萬年の令嬢・文子と結婚した、圓地氏の写真が載せられている。なお、文子（本名は富美）は、結婚前にもすでに、『女人藝術』に、「上田文子」の名前で作品を発表していた。

圓地與志松氏は、昭和四十七年（一九七二年）十一月二十六日に没した。享年、七十七歳。夫妻の墓碑は、谷中霊園、乙十一號五側にある。

二　圓地氏による吟香関連資料の発見

岸田吟香は、幕末・明治期に活躍した偉人である。それにもかかわらず、かれの事跡は、歴史に埋没したままであった。そのかれを発見したのは、戦前に健筆を揮った、圓地與志松氏であった。

圓地氏は、雑誌『社會及國家』（一国社）第一八二號（昭和六年、一九三一年、五月號）に、「岸田吟香の遺稿について」と題する一文を発表した。冒頭、かれは、次のように書いている。

近頃の若い人達には、岸田吟香と云っても、知らない人は多いであらう。然し、昭和四年（一九二九年）十二月二十日に亡くなつた、「有名な畫家・岸田劉生の父だ」と云つたら、或ひは、「さうか」と肯くであらうが、然し、劉生も偉かつたらうが、その父たる吟香は、明治維新の風雲時代に活躍して、現代文化に最も貢献した偉大なる人物であつたと云ふことについては、殆ど知らないであらうと思はれる。

私が岸田吟香の名前を知つたのは、小供の頃にやはり、目薬精錡水の看板を見て知つた位のものであつて、この人が、明治文化の恩人の一人であることなどは、勿論知らなかつた。

続いて、圓地氏は、学生時代に、岸田吟香をローマ字運動の恩人として、卒業後には、自ら新聞界に身を投じて、新聞界の先覚として、吟香に対して敬慕の念を抱いた。吟香は、その他多くの事業の先駆者であるから、「かれの如きは実に、維新當時に於ける偉材と稱せねばならぬ」と言っている。

また、圓地氏は、「岸田吟香の遺稿について」の「二」において、遺稿との出会いを次のように記している。

東京日日新聞社では、先覺記者追悼会を毎年催して居るが、今年（昭和六年、一九三一年）は、三月十八日に、その第二十三回が擧行せられた。私もまた、その追悼委員の一人として、先覺記者の遺墨展覧會の陳列を担当したのであつた。それで、此の遺墨を拜借する爲めに、先覺の遺族を訪問したのであるが、岸田吟香の遺族の方として、岸田勝利氏が、「乙丑日記」「呉淞日記」「上野日記」「からつと」「輪船會舘の大福帳」等を出品せられたのであるが、それは、いずれも稀覯のものであり、なかなか興趣の深いものがあるので、私は、これを此のまま、岸田家の匱底に藏して、世間に発表されないのは殘念であると思つたので、遺墨展覧會が終つてから二三日たつて、一日、岸田勝利氏の宅を訪ねたのであつた。

岸田勝利氏は、心よく迎へて下さつて、いろいろ吟香の往時について話をされ、いろいろの遺墨を見せて下さつた。然し、残念なことには、その多くの遺墨は、大正十二年（一九二三年）の震災のために、烏有に歸して仕舞ひ、現存して居るものは、當時、勝利氏の身のまはりにあつたものだけであつて、それも勝利氏が風呂敷包にして背負つて火中を遁れたものであると云ふことであつた。私は、これを聞いて非常に殘念に思つたのである。

然し、今日現存して居るものも、またいつ如何なることがないとも限らないので、出來るならば、これを印刷に附して置いたらと考へて、勝利氏にもその意見を開陳したのである。

私は、取り敢へず、『社會及國家』の誌上に掲載してみたらとすすめたのである。幸ひに、勝利氏も之に贊成したので、その遺墨中の一部で、面白そうなものをと思つて、文久四年（一八六四年）甲子六月二十四日起草の日記を一冊、貸して貰つて、それを私が筆寫して、本號（一八二号、昭和六年、一九三一年、五月號）から掲載することとしたのである。

なお、圓地氏の文中に見える、岸田勝利氏は、吟香の七男で、明治二十八年（一八九五年）の生まれであり、昭和十六年（一九四一年）三月に没している（岸田麗子、『父岸田劉生』、雪華社、昭和三十七年、一九六二年）。麗子氏は、叔父の名前に「しょうり」とルビを振っている。言うまでもなく、明治二十八年は、日本が清国に勝利した年なのである。

第一章　作州の吟香

一　吟香の誕生とその家系

数ある吟香の傳記のうち、もっとも早期にものされた、馬場毅（號不知姣齋）の『備作人物傳』（明治三十四年、一九〇一年、馬場氏自刊）に収める「岸田吟香傳」の冒頭は、次のように書き出されている。

吟香は、美作久米郡垪和（はが）村の人。幼名、太郎、後に、銀次郎と改む。天保四年四月八日、生る。父は、秀徳（ママ）。其先、攝津に出つ。天正中、來り、美作に移り、世々農を業とし、傍ら酒造を兼ぬ。祖父・義賢の代に至りて、家道頗る衰ふ。

大正十二年（一九二三年）刊行の『久米郡誌』の記載に基づき、馬場氏のために若干の補正を試みるならば、吟香が生まれた、村の名前は、垪和村ではなくして、中垪和谷村とするのが正確である。もっとも、馬場氏が吟香傳をその中に含む『備作人物傳』を執筆した、明治三十四年（一九〇一年）にはすでに、江戸時代の中垪和谷村・中垪和畝村・中垪和上口村・小山村は、合併して垪和村になっていたのであるから、久米郡垪和村で間違いはないのである。

この村は、美作地方の西南部に位置しており、村の名前に「谷」の一字が使われている通り、集落の東西と北部とに山地が控えており、村の東のはずれに大瀬毘（おおせび）川という、旭川にそそぐ支流がある。つまり、谷村は、その文字が示す通り、耕作に適する土地が極めて限定された、谷間の寒村であるにすぎない。

大正十二年（一九二三年）、久米郡教育会が発行した、『久米郡誌』の第七章「戸口」は、「作陽誌」（元禄六年、一六九三年、成書）を引いて、中坍和谷村の戸口は、全部で八十五軒であり、その人口は、男女合わせて四百六十一人であった、と記している。谷村全体でもこの数字に過ぎないのであるから、その一部である大瀬毘集落が寥寥たる村落であったことは想像に難くない。

馬場氏は、岸田家は、「酒造を兼ぬ」と記しているものの、その原料となるべき米を生産するのが困難なのではないかと思われるような僻地である。

雑誌『東洋文化』二八〇號（無窮会編、昭和五十四年、一九七九年）には、岸田壯一氏（吟香の弟・助三の孫。草地裕典氏、『岸田吟香雑録』、二〇一九年）の「岸田吟香のこと」と題する一文が載せられている。それには、

岸田吟香は、私の大伯父に当る。（中略）吟香は、大瀬毘という部落で育った。大瀬毘は、旭川支流の山間の谷合であって、耕作面積は廣げる余地がないので、家を繼ぐもの以外は住めなかった。

と記している。

ところで、江戸時代、農民は苗字を持たなかった。日本の農民が苗字を名乗るようになるのは、明治五年（一八七二年）九月になってからのことである。それにもかかわらず、吟香の父親が苗字を名乗ることができたのは、岸田家が代々、庄屋を勤めていたからである。

さて、吟香の幼名は、太郎と言ったそうであるが、この名前は、通称とするのがよいように思われる（吟

香は、時として、「大郎」と自署している)。

嘉永七年（一八五四年）十月十五日、吟香が津山の「竹香小原先生」に宛てた書簡の末尾で、吟香は、「岸田達藏」と自署している。つまり、吟香の諱は、「達藏」であったのである。

幕末の日本人は、いくつかの名前を持っていた。まず、通称は、もっぱらひとから呼ばれるための名前である。一方、諱（いみな）と呼ばれる本名は、君主や師匠または両親に対する、へりくだった自称である。従って、この名前は、他人がみだりに呼ぶのは、「忌み避けるべき」名前であったのである。諱と呼ばれる所以である。

吟香は、岸田家の長男であったので、當時、ごくありふれた「太郎」を通称としたのであると思われる。もう一つ正確を期すべきは、父親の名前である。馬場氏は、それを「秀徳」と記しているが、今日、美咲町大瀬毘に現存する岸田家の墓地には、吟香自筆の両親の墓碑が建立されており、父親の戒名は、「究竟院秀徳道義居士」に作ってあり、また、墓碑の右側面には、「岸田秀治郎徳義墓」と刻まれている。つまり、馬場氏が記す「秀徳」は、戒名の一部に過ぎず、その諱ではなかったのである。また、父親の「秀治郎」は通称であり、「徳義」こそが、その諱であったのである。

さて、岸田家の墓碑によれば、岸田徳義氏は、文久三年（一八六三年）、数えで六十歳で没している。一方、吟香は、天保四年（一八三三年）の生まれだから、父親が数えで、三十一歳の時の子供である。

母親・小芳の方はと言えば、明治十八年（一八八五年）に七十一歳で没しているから、その生年は、文化十二年（一八一五年）である。従って、吟香の生まれた天保四年（一八三三年）には、数えで十九歳であったことになる（以下、登場人物の年齢は、当時の習慣にしたがって、数え年で記すことにする）。母親は、おそらく、その前年、岸田家に嫁したのにちがいない。

岡山県西山村（現赤磐市）出身の岡野増次郎（明治九年、一八七六年、―昭和二十一年、一九四六年。没年は、赤磐市立図書館のご教示による）は、「東亞先覺の巨擘　岸田吟香翁（上）」（『日本及日本人』三七二號、政教社、昭和十九年、一九四四年）をものしていて、吟香の父母に関しては、

父秀治郎（諱義徳（ママ））、備中黒谷・沼本氏を娶り、四男二女あり。

と記していて、吟香には、兄弟が少なくなかったことが知られる。

『久米郡誌』第十七章「人物」所載の「岸田吟香傳」には、

吟香は、兄弟が多かったので、常に弟を背負ひ、其の守をしながら、讀書に耽ったが、背にある弟の尻に下つて苦しむのも殆ど覺えず、人の注意をうけて初めて気付き、暫くすると、又前の如くであつたといふ。

というエピソードを伝えている。

ところで、吟香には、「歸省日記」と題された記録がある。もっとも、この記録は、圓地與四松氏が、雑誌『社

會及國家』二三五號（昭和十年、一九三五年、十月）に発表したものであるが、もともと資料の題名を欠いていたので、圓地氏が仮に題したものである。この記録は、明治五年（一八七二年）、吟香が、約二十年ぶりに帰省した時のものである（圓地氏は、この記録がものされた時代を明治四年であると推定するが、筆者は、翌五年の記録であると判断する。その根拠については、後に述べることにする）。

岡野増次郎氏は、吟香の兄弟は「四男二女」があったと記しているが、「歸省日記」にも、かれらの名前を見ることができる。

四月二十三日、〔備中〕黒谷にいたる。ここハ、わが母のうまれ玉ひし里なり。その家ハ、たかき處にありて、城のようにかまへたり。その下に、我弟虎十郎すめり。立よりて、しはらく物かたりしてわかれぬ。

四月二十四日、やうやう加茂にいたりぬ。片山重太郎（友人）の宅にいたり、しばらくここにてやすむ。ここより一里ばかりにて、さらゐのといふ處に、我弟元助すみけりとてよびにやる。（中略）ともに久しぶりのものかたりして、三納谷にゆく。

四月二十五日、〔美作〕栃原を出て、大瀬毘へといそぎけるに、くるひだといふ所まで、舎弟熊次郎・助三、その外むかしの友人ども打つとひて、むかひにきたりけり。（再略）妹およし来る。

こうしてみると、吟香の故郷、美作・大瀬毘に住んでいたのは、熊次郎と助三の二人であり、虎十郎と元助は、備中に住んでいたことが知られる。

また、吟香は、同年四月二十九日には、大瀬毘を離れて、友人の安藤善一が住む、坪井下村に行く。この時、妹およしは、坪井下村に近い磯尾に嫁しているので、吟香に同行した。

五月一日には、吟香は依然として、坪井下村に滞在しており、「舎弟、萬三郎来る。ともに、養蠶・牧牛の事を談ず」と記しているので、万三郎は、坪井下村かその近くに住んでいるように思われる。

以上を要するに、吟香には、男の兄弟が五人いたことが知られる。岡野氏は、「二女」と記しているので、吟香が故郷を離れた後、「およし」の外に、もう一人が生まれたのかもしれない。

事実、吟香は、嘉永七年（一八五四年）十一月十二日付、萬三郎宛ての手紙の中で（岸田鶴之助氏、吟香の孫、所蔵）、吟香は、安藤善一の安否を尋ねている（杉浦正著『岸田吟香』、二八八ページ）。

坪井安藤氏、ちつとも一度も手紙等下され不申、如何なる故にや。もし何ぞ機嫌でもわるきにてハなき哉。よくよく御たづね可被下候。あんまり、来てからこつち、壱度も状を送り被下不申候故、少し心配に候。

これを見ても、萬三郎は、中埘和村ではなくて、坪井下村に住んでいたことが知られよう。

わたくしが、読者の退屈を承知の上で、吟香の係累に言及したには、理由がある。

わたくしは、平成三十一年（二〇一九年）二月一日、長い間の念願だった、岸田吟香の生誕地に立つことができた。既に述べたように、かれの生誕地は、吉備高原の山間の寒村に過ぎなかった。わたくしは、こんな僻地から出た吟香が、銀座の煉瓦街に広壮な樂善堂を建設できたことに、深い敬意を抱いたものである。同時に、それほど広くはない、岸田家の屋敷跡を見ているうち、「こんな狭い土地（東西約三〇メートル、南北約二〇メートルくらい）では、大勢の人間が人並みの生活をすることができないのではないか」とも思ったのである。わたくしは、「歸省日記」から、かれの五人の「舎弟」をさがしだしたが、そのうちの三人までが、生地の大瀬毘ではなくて、よその村に住んでいたのである。おそらくは、他家に養子に出された人々ではなかったろうか。

後日、馬場氏の吟香傳記をもう一度読み直してみると、そこには、「祖父義賢の代に至り、家道頗る劣ろう」とあるのに気がついた。その前に、「岸田家は、代々酒造をしていた」とあったので、肝心なところを読み飛ばしてしまっていたのである。

岸田吟香の研究家・杉山栄氏は、『先驅者岸田吟香』（昭和二十七年、一九五二年）の中で、岸田家の悲運を詳述している。要約すると、祖父の正太郎は、三十餘歳で死んでしまった。残された未亡人は、こども（吟香の父）を連れて、「箱棟」造りの屋根を持つ本家を出て、酒蔵の一部を移築して、村はずれに住んだ。吟香が生まれたのは、この家であったのである。現在では、酒蔵は存在せず、畑の隅に「岸田吟香先生生誕之地」と刻んだ、石柱が一本立っているだけである。

二　幼年時代の吟香

ここで再度、岡野増次郎氏の「岸田吟香翁」に戻ることにする。

翁は、六・七歳の頃、埣和村寳壽寺住職に就て、手習をなし、夙に嚢錐の譽あり。隷書を能くし又繪心に富み、蘭などを畫いた。無口にして讀書を好み、粗食に甘んじ、辺幅を意とせず、その寺子屋に通へる頃、朝飯の出来ざる時は、弁当箱にヨバシ麦（作州地方の方言）と少許（ばかり）の味噌を詰め、諸生に伍して毫も恥ぢず、痛く家道の困窮なるを自覺し、家に歸れば、自ら斧を揮て薪を樵り、筆墨に代へ、又山楮を伐りて製紙場に持行き、紙に替へた程であつた。

と記している。

岡野増次郎氏は、明治三十三年（一九〇〇年）開校の上海同文書院の第一期生であり、かれの同文書院進学は、東京・銀座の樂善堂に、同郷の吟香を訪ねたことが動機になっていた（「平凡なる支那浪人の一生」、雑誌『大日』一八八號、昭和十三年、一九三八年、十二月号）というから、これらの言辞は、決して誇張の言ではないであろう。

もっとも、「よばし麦」に関しては、ある篤志家が、作州在住の高齢の女性にきいていただいたところ、そういう食べ物は「聞いたことがない」と言われたそうである。

さて、『久米郡誌』第四章「寺院及教會所」（大正十二年、一九二三年、一月調）によれば、吟香が通った寳壽寺の所在地は、「垪和村大字中垪和畝」となっている。中垪和畝村は、吟香が生まれた中垪和谷村よりも、大瀬毘川沿いの北方、三キロに位置していた。また、『久米郡誌』には、中垪和谷村の寺院は、一軒も記載されていないから、吟香は、隣り村の寺子屋に通わねばならなかったのである。

なお、江戸時代まで、中垪和谷村と中垪和畝村とは、それぞれ別々の村であったのだが、明治二十二年（一八八九年）、一つの垪和村に合併されたことは、すでに述べた通りである。

それはさておき、吟香は、幼少の頃から、書のほかに、「絵心に富み、蘭などを畫いた」という一文は、かれのその後の生涯に大きな影響を与えることとなったと思われる。

明治十四年（一八八一年）、安藤善一が上京して、樂善堂に数ヶ月間滞在していた時、画家・野村重喜にその肖像画を描かせ、吟香自身、これに漢文の賛を加えている（『明治の傑人　岸田吟香』豊田市郷土資料館編、平成二十五年、二〇一三年、刊）。

安藤君、名は善一、又は擢善と稱し、善右衛門と云ふ。文化十四年丁丑（一八一七年）五月三日、作州坪井に生る。（中略）君、人と為り、温雅清廉にして、徳望共に高し。又兼て詩畫を愛す。尤も山水蘭竹に巧なり。君、余が父の執（とも）にして、余、少時、殊に君の愛撫を受く。余が不肖なるも、幸に今日の業を爲す者ハ、君の勸勉に依る者多し。君、今年、東遊して、余が家に在ること數月なり。因て、門客・野村重喜に囑して、君の肖像を寫さしめ、余自ら其上に書し、以て贈り奉る。

明治十四年（一八八一年）辛巳九月七日題于東京銀座樂善堂　岸田吟香國華

安藤善一が、山水蘭竹の名手であったことが知られ、吟香がその影響を受けたことは確かである。なお、安藤は、吟香の父親の「執」であったことも知られる。「執」とは、中国の古典『禮記（らいき）』に出る言葉で、「心を許した友人」という意味である。なお、安藤は、文化十四年（一八一七年）の生まれだから、天保四年（一八三三年）生まれの吟香よりも、十六歳もの年長であった。

後に、吟香は、ヘボン博士に随行して、和英辞典『和英語林集成』の印刷のために、上海に出かける。そして、かれは、その上海滞在中に、克明な『呉淞日記』を書き残している。

慶應三年（一八六七年）一月八日の日記には、この安藤善一への言及がある。

あさはやくおきて見るに、雪がすこしつもりて、よいけしきなり。書齋を掃除して、つくゑにむかふ時、ふとおもひ出す。

作州にゐた時、春ゆきふつた日、安藤箇齋の處へたずねてい〔ツ〕たりしに、箇齋よろこびて、酒をのみながら、いろいろおもしろいはなしをしなから、詩をつくる。箇齋、詩・畫ともに妙なり。家ハ、つぼゐのしゅくのひがしのはずれにて、けしきのよい處なり。此〔上海の〕書齋のまへハ、小流、のきの下にありて、そのおと、いとさやけし。水のむかふに、ひとむらのたけやぶありて、松の老木

がによつとあたまをつんだしている。簡齋と酒をのミながら見たのハ、このけしきなり。嘉永戊子の
としの事なり。

話は、横道にそれるが、吟香の言にもかかわらず、十干十二支の組み合わせで、戊子という組み合わせは存在せず、吟香による誤記であるのは確かである。嘉永年間の「子」年は、その五年（一八五二年）の「壬子」があるだけである。つまり、吟香は、嘉永五年の春、作州坪井の安藤簡齋を訪ねてゆき、一日の歓を尽くしたのである。この年、吟香はすでに、数えで二十歳の青年であった。

吟香は、続けて、『呉淞日記』に、次のように記している。

竹でも一幅かいて、いまふと故郷をおもふた事を、のちのおもひぐさにしよう。詩ひとつ作ツて竹の上に題う。

十五年前、作州に在り。　春風、酔ひて倚る、竹西楼。
如今、潦倒（落ちぶれる擬態語）淞江の上。　自ら脩篁を寫きて、客愁を掃う（原漢文）。

天保四年（一八三三年）生まれの吟香は、慶應三年（一八六七年）當時、すでに、数えで三十五歳になっ

ていたのである。「潦倒」の二字は、当時の吟香の心情を十二分に表わしていよう。そして、吟香は、さらに筆を継いで、次のように記している。

三　津山の吟香

ついでのある時、作州へ（この絵を）送って、〔安藤〕簡齋にわらはせんとすか（ママ）。全体、作州にハ、竹馬のともだちがおほくある。もちろん兄弟もあるなり。〔小原〕竹香の詩も竹も、簡齋よりよくできる。〔飯塚〕竹齋はしんだであらう。山水をよくかいた人だ。〔広瀬〕臺山の弟子なり。半眉先生ハ、わがおしせうさんだから、わすれハせぬが、久しくごぶさたいたしました。今におたつしやであらう。まだわかいはづだ。むすこが有ツたが、もう十六七だらう。〔塘（つつみ）〕雲田ハ、山水もっとも妙也。〔小原〕千座老人、もうしんだかもしれん。うたをよむ人なり。竹香のおや也。そのほかのともだちもいくらあるかしれぬが、いつおめにかかられるだらうか。ことし日本へかへツたら、あひにいきたいもんだ。

ここには、吟香が作州で出会った多くの人物の名前が列挙されている。残念なことに、どの人物も雅号で記されているので、その経歴を知るのはすこぶる困難である。

『大日本書畫名家大觀』の索引編を頼りに、調べてみると、「臺山」のみがヒットし、墓誌にもとづいた、比較的詳細な伝記を見ることができた。

かれの姓は、廣瀬氏であり、津山藩の家老であった。しかし、かれが、津山藩士であったことは、わたくしにとり、やや意外な感じがした。何となれば、吟香の親友の安藤箇齋は、作州でも坪井下村のひとであり、坪井は、津山からは十二キロも西に離れており、安藤氏は、津山のひとではなかったからである。さらに、付言するなら、坪井下村も吟香の故郷・中垪和谷村も、三州（今日の豊田市）擧母藩の飛び地であって、津山藩の領分ではなかったのである。

それはさておき、廣瀬臺山が専門書に記載されるほどの画家であるなら、津山に関係する史書に何らかの記載があるのではなかろうか。

こう考えて、『三百藩家臣人名事典』（新人物往来社、一九八九年）の「津山藩」の項を開いてみると、「広瀬臺山、寛延四年（一七五一年）―文化十年（一八一三年）」の略歴を知ることができた。かれは、ただの文人ではなく、京都や江戸の藩家老をもつとめるなど、津山藩の要職にあったことが知られた。なるほど、擧母藩がわずか二万石の小大名であるのとは異なり、津山藩は十万石の大大名である。藩の要人が、絵画に食指を伸ばすだけの余裕があったのももっともである。

廣瀬臺山伝の末尾には、「門人に飯塚竹齋があり、竹齋は、終生臺山を慕った」と記されていた。

ここに至って、『津山市史』第四巻第七章「津山松平藩の絵師たち」を開いてみると、「広瀬臺山の画業」の項に、飯塚竹齋（寛政八年、一七九六年、―文久一年、一八六一年）の伝記が付載されていた。

その後、岡山県美咲町の岸田吟香記念館に、ある資料の存否を照会したところ、記念館からは、竹内佑宜氏の「岸田吟香　津山人との交友」という論考を恵贈された。

これにより、『呉淞日記』に見える、「竹香」は、画人・小原慎太郎（諱正棟）の雅号であること、かれは、吟香よりも十八歳の年長であったことを教えられた。また、『呉淞日記』に見える、「半眉先生」は、津山藩士の永田幸平の雅号であること、さらに、永田は、文化九年（一八一二年）の生まれであり、広瀬臺山の異母弟の孫であることを知らされた。なお、草地氏の前掲書によれば、永田の没年は、明治十年（一八七七年）とのことである。

なお、「永田幸平」の名前を「孝平」に作るひともいるが、津山松平藩の第七代藩主の姓名は、松平齊孝であったので、津山藩では、「孝」の字は、臣下が使用してはならないおきてがあった。従って、津山藩儒の「永田孝平」は、あり得ないのである。

さて、岡野増次郎氏は、さらに筆を継いで、

> 翁は、十三・四歳の頃より、早く江戸に遊學されんことを父に乞ひしも許されず、初め、隣村坪井〔下〕村の姻戚・安藤善右衛門（號箇齋）より、漢籍を学び、その才智を見込まれ、後ち、津山・松平侯の藩儒・永田幸平に就き、次いで、同地椿高下（つばきこうげ）の上野（ママ）存軒（上野（ママ）璟一郎の父）の私塾に学び、旁ら藩校の指南番・矢吹正則に就て剣道を習ひ、その奥義の目録を獲て居つた。

と記す。

吟香と安藤簡齋とが、姻籍の関係にあったことは、唯一、岡野氏が記すのみである。また、上原存軒の姓を、岡野氏のみが「上原」ではなくして、「上野」に作っているが、『津山郷土温地会誌』には、郷土史家・上原璟一郎氏の名前が頻出するから、「上野」に作るのは、岡野氏の記憶ちがいか誤植であるように思われる。

さらに言うなら、岡野氏は、吟香が最初に師事したのが津山藩儒・永田幸平であったと記すが、これにも問題がありそうである。馬場不知姣齋の父・簡齋（貞觀）が記す、『老人傳聞録』（慶應三年、一八六七年、自序）には、その師・永田敬藏（號桐隠）の傳が記されており、その末尾に、津山藩儒・永田家にまつわる不幸な事件が記されている。

先生（敬藏）の死後、猶子・幸平、故ありて、其後を承る事を得ず、池邊氏の子・產吾を養て嗣とす。性、學を好まず、遂に出亡す。永田家、斷絶す。後、廿餘年、幸平、召し出され、儒者、仰せ付けられ、是においてか、永田氏の祀、託するところあり、と云う。

これによれば、津山藩儒・永田敬藏（生没年不詳）には、実子がなく、幸平は、その「猶子」、つまり兄弟の子供（甥）であった。不幸なことに、幸平は、敬藏の跡目を襲うことを認められず、敬藏の死後、二十数年後になってようやく、津山藩儒になることができたのである。

想像をたくましくすれば、岸田吟香が、津山藩士・永田幸平に師事することができたのは、かれが浪人を余儀なくされていたからであったからかもしれない。そして、その仲介者は、津山藩に隣接する、坪井下村の大庄屋・安藤善一であったであろう。

なお、前引の『呉淞日記』に、「半眉先生は、わがおしせうさん」とあったが、竹内佑宜氏によれば、「半眉」は、永田幸平の號であることは、すでに述べた通りである。

さて、安藤箘齋の略歴については、これを伝える資料がほとんどみつからなかった。しかし、ありがたいことに、前記『久米郡誌』第十七章「人物篇」に、その略傳が載せられている。

それによれば、箘齋は、文化十四年（一八一七年）の生まれで、明治二十九年（一八九六年）に、八十歳の高齢で没している。吟香は、天保四年（一八三三年）の生まれだから、箘齋は実に、吟香よりも十六歳の年長である。ただし、吟香と箘齋の血縁関係については、『久米郡誌』には、何らの言及もない。

それはさておき、吟香は、安藤箘齋の口ききで、津山藩士の永田幸平に漢籍を学ぶことができ、これが、かれの教養の大半を形成することになる。また、江戸に出て、多くの師友にめぐりあう素地ともなるのである。

ところで、江戸時代、漢籍にしろ、書画にしろ、師匠につくためには、「束脩」（授業料）を収めねばならなかった。吟香は、すでに記した通り、寒村・大瀬毘の貧農の出身であった。では、かれは、津山での生活費をどうやって調達したのであろうか。

前記岡野氏は、

> 吟香は、十五歳の時、津山の近郷・苫田（とまた）郡高田村善應寺に於て、その地方の若者等の懇請により、

私塾を開き、『四書』『五經』『日本外史』等の句讀を授けたと云ふから、その早熟であったことが判る。

と記している。

岡野氏は、吟香の早熟であったことを記すために、この話を引いているのだが、わたくしは、吟香には、そうしなくてはならない、生活上の必要があったのだと解したい。

なお、草地浩典氏は、前掲書『岸田吟香雜録』の「(八) 吟香の津山での五年間 (弘化四年、一八四七年―嘉永五年、一八五二年)」において、「旧高田村 (津山市大篠) の善應寺において、私塾を開いた」と記している。弘化四年は、吟香の年齢はわずかに十四歳である。なお、私塾がいつまで続いたかについては、後に論じなくてはならない。

ところで、吟香は、天保四年 (一八三三年)、美作に生まれた。この年は、明治維新 (一八六八年) を隔たること、わずかに三十五年前であった。

吟香の誕生から明治維新までの間には、アメリカの使節・ペリーの来航 (嘉永六年、一八五三年)、翌年の日米和親条約の締結、国内における激烈な攘夷運動の展開、最後には、徳川幕府の大政奉還で、新しい日本が誕生する。

吟香は、この疾風怒濤の時代を、ほぼ政治の中心地・江戸で暮らしたのであるが、かれがどのように生きたのかは、次章で考察することにする。

第二章　江戸の吟香（その一）

一　吟香が江戸に向かった時期

前章「二　幼年時代の吟香」で考察したように、岸田吟香は、かれが、数えで二十歳になった、嘉永五年（一八五二年）の春、安藤箭齋の家で、雪景色を堪能した。

岸田が記す青年時代の履歴のうち、美作に関する記録は、次に述べるように、これが最後というわけではない。吟香自身、『呉淞日記』慶應三年（一八六七年）一月十五日の条において、上海で、日食に関する新聞記事を見たことに関連して、

> 十五年前、嘉永癸丑（六年、一八五三年）のとしにて、十月ごろの事とおもふなり。日本にても、まっくらになったことがあったが、たしか、あの時のことなるべし。われ、作州にて、山西といふ處にいてをりし時のことなり。

と記している。

だが、吟香が「十五年前、嘉永癸丑のとしに日食」があったと書いたのは、かれの記憶ちがいである。『武江年表』嘉永五年（一八五二年）十一月朔日には、「巳刻（午前十時）より、日食、九分餘なり。闇夜にハならず、往來の時、提灯を用る程にハあらず」とあるからである。つまり、日本で日食が観測されたのは、嘉永癸丑（六年、一八五九年）の年ではなく、実は、その前年の嘉永壬子（五年）のことであったのである。

この時、吟香は、美作の「山西」にいたのである。この「山西」は、寺子屋を開いていた、津山郊外の

善應寺からほど遠からぬ處であった（津山・善應寺様のご教示による）。

草地氏の前掲書によれば、吟香は、弘化四年（一八四七年）から嘉永五年（一八五二年）まで、ここで私塾を開いていたとされるが、おそらくは正確であろう。日食が同年のことであるとすれば、吟香が津山を去って江戸に出たのは、翌嘉永六年（一八五三年）ということになる。善應寺の私塾が閉ざされたのは、そのためであったであろう。

二　南摩綱紀・馬場穀の吟香傳についての疑問

南摩綱紀の「岸田吟香傳」では、

〔嘉永三年〕歳十七、江戸に赴き、林氏の塾に入り、師を助けて、生徒に授け、餘暇に業を勤む。後、師に代わりて、水戸及び佐竹侯に講筵し、藤田東湖・大橋順藏等と交わる。


と記されている。

南摩の吟香傳には、筆写本（『環碧楼文鈔』巻二）と活字本（『環碧楼遺稿』所収、明治四十五年、一九一二年刊）の二種類がある。そして、筆写本の欄外には、「〇三十八年乙巳　収」という墨筆がある。

そして、吟香は、明治三十八年（一九〇五年）の六月七日に没している。つまり、筆写本は、吟香の没後まもなく、おそらくは、吟香の遺族の依頼によって、執筆されたのではないかと思われる。そして、その「歳十七」以降の記述は、遺族の記憶や伝承に基づいたのではないかと思われる。

後述するように、南摩は、安政四年（一八五七年）の春、大坂で吟香と邂逅し、二人そろって江戸をめざしている。だが、南摩と吟香は、その後、親交があったという資料は存在しない。だから、南摩が、東京大学や高等師範学校の教授（明治三十六年、一九〇三年、退職）という顕職の経験者であったので、岸田家では、傳記のかっこうの執筆者だと考えたのではなかろうか。

さらに、南摩の記す傳記には、いくつかの疑問点がある。

まず、第一に、南摩は、吟香が林家の門人になったと記しているが、肝心の林家の門人帖（『林家書生氏名』）の中に、吟香の名前を見ることはできない。また、秋田藩と吟香との関係については、わたくしは、寡聞にして、聞いたことがない。さらに、水戸藩では、光圀以来の『大日本史』の編纂が、藩校・彰考館において着々と進行中であり、水戸藩には、青山延光、豊田天功、それに、原市之進等の錚々たる学者が目白押しであり、吟香が、林家に代わって、代講に出かけるなど、まったくありそうもない。

最後に、吟香が、江戸に出た嘉永七年（一八五四年）當時、かれの年齢は、十七歳ではなくして、すでに二十一歳に達していたことは、後に述べることにする。

これを要するに、南摩の記す吟香傳には、ずいぶんと問題があるのだと言わざるを得ない。

ここで、もう一つの岸田吟香傳を見ておくことにする。それは、すでに触れたことがある、馬場不知姣齋（文政十二年、一八二九年―明治三十五年、一九〇二年）の『備作人物傳』附録所載の「岸田吟香」である。この傳記は、数ある吟香傳の中では、もっとも早く明治三十四年（一九〇一年）に書かれたことにも注意しておく必要があろう。そこには、

（前略）津山、永田幸平に從ひ學び、後、上原存軒に從ひ、江戸に遊ひ、昌谷精溪の門に入る。後、精溪の紹介を以て、林圖書頭の塾に寓し、研修す。数々、圖書頭に代りて、水戸及佐竹侯（秋田藩）の藩邸に講義し、藤田東湖、大橋順藏、墾田九皐等と親交せり。安政二年十月、江戸の地、大に震ふ。（中略）為めに、病を得、國に歸りて療養す。

とある。

ここで、馬場氏の履歴を考えておくことにする。『岡山縣人物傳』（岡山縣編、明治四十四年、一九一一年刊）によれば、馬場氏は、文政十二年（一八二九年）に津山で生まれ、明治三十五年（一九〇二年）に津山で、吟香に先立って没している。

それはさておき、南摩の「水戸及佐竹侯の藩邸に講義し」云々の典拠は、馬場氏の「岸田吟香傳」に基づくものであるらしい。

馬場氏は、吟香傳の末尾を、七言律詩で、締めくくっている。いま、これを書き下し文にすると、

眼光炯々、腹便便。古今を看破し、才學全し。

世、広く名を知り、商、甚だ巧みなり。人、多く藥を購い、疾、皆痊（い）ゆ。
遠く支店を開く、滄浪の外。高く層楼を構う、紫陌の邊。
緬（はる）かに想う、墨江にて同（とも）に酔いを買いしを。茫々たる一夢、廿餘年。

首聯・頷聯・頸聯の三聯は、吟香の東京での成功を賛美している。注目すべきは、頸聯の「遠く支店を開く、滄浪の外。高く層楼を構う、紫陌の邊」である。これは、吟香が上海に樂善堂支店を開設したのが、明治十三年（一八八〇年）三月であり、また、銀座の煉瓦街に豪邸を持ったのは、明治八年（一八七五年）十月であったことを指している。

首句の「眼光炯々、腹便便」とあるのによれば、吟香が精錡水の販売で成功して、「便便たる」太鼓腹になっていた頃の作かと思われる。「支店を滄浪の外に開く」とあることから考えれば、明治十三年、吟香の上海出店以後の作ではなかろうか。

馬場毅（文政十二年、一八二九年—明治三十五年、—明治三十五年、一九〇二年）は、もと津山藩の儒臣・箇齋の子供であり、その十九歳の時（弘化四年、一八四七年）、江戸で昌谷精溪の門に入った。安政三年（一八五六年）には、江戸に再遊して、箕作阮甫の門で洋学を修め、五年に帰国し、藩校督学となった。馬場は、元治元年（一八六四年）に、不幸にして眼疾を患い、ついに明を失うに至り、それ以後、使途を断念した。

こうしてみると、馬場と吟香とは、明治以前には、ほとんど交友がなかったことが知られる。後述するように、安政三年（一八五六年）、馬場が二度目に江戸に出た時、吟香は、大坂の藤沢東畡塾にいた。だから、馬場は、吟香の言うままに、その青年時代の傳記を記述したのであろう。吟香は、明治になってから、すでに成功した実業家として、馬場に出会ったので、馬場は、かれの経歴に疑問を抱くことはなかったのであろう。

話をもとに戻すことにする。吟香は、嘉永六年（一八五三年）の春頃、（この年十一月二十七日、安政と改元）江戸に出たのであった。この時、吟香の年齢は、十七歳ではなくして、すでに二十一歳に達していたのである。

なお、吟香は、明治五年（一八七二年）に、作州を出てから最初の帰省をしている。その途中、一の谷でそばを食べ、「二十年前にもこのまずいそばを食べた」と書いている（後述、「吟香の歸省」）。単純に計算すると、明治五年（一八七二年）の二十年前は、嘉永五年（一八五二年）に相当する。つまり、実際に吟香が江戸に出た年とは、一年のちがいがあるが、この「まずいそば」を食べた「二十年前」は、その概数を言ったものではなかろうか。何となれば、吟香は、嘉永五年（一八五二年）十一月一日、「作州・山西」で、日蝕を見ていたのである。だから、吟香が、一の谷を通過するのは、早くても翌嘉永六年でなくてはならないからである。

三　嘉永六年（一八五三年）前後の日本

ところで、嘉永六年（一八五三年）いう年は、日本史上において、忘れることができない年であった。この年の六月三日、アメリカ合衆国特派大使兼東印度艦隊司令長官、マシュー・カルブレイス・ペリー（一七六四年―一八五八年）が浦賀に来航し、米国大統領・フィルモアの開国を要求する国書を、浦賀奉行に手渡したのである。

齋藤月岑の『武江年表』巻九は、「泰平のねむりをさます　じやうきせん。たつた四はいで、夜も寝られず」という、詠み人知らずの狂歌を載せているほどである。

なるほどペリーの艦隊は、「たつた四はい」であったかもしれないが、アメリカを出発した後、ケープタウン・セイロン・香港・上海・那覇・父島を経由して、長駆、わが浦賀に姿を現わしたのである。それまで、小型の帆船ばかりを見ていた、江戸っ子は、生まれてはじめて、黒煙を吐く大蒸気船を目撃したわけで、夜も眠れないほどに魂消たのも、もっとも至極な話である。

ただし、ペリーは、国書を渡し終わると、約十日後の六月十二日には、浦賀から姿を消してくれたので、江戸っ子は、再び惰眠を貪ることができたのである。

実は、徳川幕府は、その前年（嘉永五年、一八五二年）の八月すでに、ペリーの来航を知っていたのである。内藤耻叟の『徳川十五代史』（新人物往来社、昭和六十一年、一九八六年）、嘉永五年八月の条には、「長崎奉行牧志摩守、江戸にめさるるに付、蘭人加比丹より上言」として、ペリーがほどなく来航すること、また、日本侵略を目的とするものではない、ことを示す記事が載せられている。そして、

内藤は、この記事を、

若し我有司をして、此意旨のある所を明知せしめば、何ぞ、此狼狽周章を用ひんや。唯其の事情に通ぜざる、大に擾乱を致すのみ。要するに、当時、〔老中〕阿部正弘以下、其の人なきを以て也。悲しむべきかな。

と結んでいる。

そればかりか、それより二年前の嘉永三年（一八五〇年）の六月、長崎のオランダ通詞・本木昌左衛門は、「嘉永三年、一八五〇年、和蘭船風説書」を翻訳している。「風説書」とは、徳川幕府が、オランダと清国との来航船に課した、国際情報の報告書である。この文書は、同年の八月、早くも、長州藩の山縣半蔵（後年の宍戸璣）によって筆写されてもいる（宍戸璣関係文書、その二の七十）。それには、

一　北アメリカ合衆國は、諸國と通商いたし来り、噂にては、日本にも交易に参候所存、これ有る趣に、これ有り候。

と記されている。

これによれば、一部の日本人には、アメリカ船の来航は、十分に予想されていたのである。

そして、齋藤月岑が引く狂歌が忘れられないうち、ペリーは、嘉永七年（一八五四年）の一月十六日、前回の約二倍の七隻の軍艦を江戸湾内に乗り入れ、開国を要求した。吟香が江戸に到着したのは、「黒船」騒動の最中であったかもしれない。

四　日米和親条約の締結

老中阿部正弘は、大学頭・林韑（あきら）（寛政十二年、一八〇〇年―安政六年、一八五九）と江戸町奉行・井戸覚弘（？―安政五年、一八五八年）に命じて、日米和親条約を結ばせた。

林大学頭はこれまで、朝鮮通信使が来日した時には必ず、その接待の任にあたっていた。また、井戸の前任は、長崎奉行であったので、老中・阿部は、外国人の応接には、この二人が、適任であると考えたのであろう。當時、我が国には、外交を担当する、専門の役所が存在しなかったのである。

さて、わが岸田吟香は、嘉永七年（一八五四年）十月十五日付で、津山の小原竹香（文化十二年、一八一五年―明治二十六年、一八九三年。「岸田吟香の作州略年譜」による）にあてて、書簡を認めている（『明治の傑人　岸田吟香』、豊田市郷土資料館、平成二十五年、二〇一三年）。

まず、これがこの年の十月十五日に、書かれたと分かるのは、文末に「後赤壁夜」と記されているからである。

宋の蘇軾（しょく）（一〇三六年―一一〇一年、號の東坡（とうば）で知られている）は、元豊五年（一〇八二年）、杭州（浙江省）から湖州（湖北省）へと左遷された。かれは、この地で二度、「赤壁賦」と題する文章をものした。すなわち、七月十六日の作品が、「前赤壁賦」であり、十月十五日の作品が「後赤壁賦」である。吟香が、書簡の執筆の日付を、「後赤壁夜」と記したのは、それを踏まえた表現なのである。

　話が前後してしまうが、手紙が書かれた年を嘉永七年（一八五四年）だとする根拠は、手紙の中段に、

大坂へ賊船入港致候由、其後、下田へ乗り回し可申す、風聞承候處、今に来り不申候よし。箕作〔阮甫〕宇田川〔興斎〕両君も、夫れへ可参と命を受けしと申事ニ御座候。


とあることによる。

　ロシアのプチャーチン（一八〇三年―一八八三年）も、嘉永七年（一八五四年）九月十八日、開国を求めて、大阪湾に投錨したのである。なお、箕作・宇田川ともに、津山藩侯・松平齊民（なりたみ）の侍医であった。当時、津山藩儒・昌谷精溪の門にあった吟香は、一早く、これらの情報を耳にすることができたのである。

　次に、吟香が手紙を書いた相手の、小原竹香(文化十二年、一八一五年―明治二十六年、一八九三年。津山・善應寺様恵送の「岸田吟香の作州略年譜」による）について、述べておかなくてはならない。

　なお、『続大坂人物誌』には、此花区妙徳寺に、

小原竹香先生墓　明治二十八年十月新建　竹香内子、小琴謹識

と刻んだ墓碑があるそうである（『讃岐の勤王三家』草薙金四郎、文友堂、昭和十六年、一九四一年、二三二ページ）。

ここで、再び、吟香の書簡に戻ることにする。冒頭の時候の挨拶につづいて、次のように記されている。

然〔ら〕は、毎度の事故、申上兼候へとも、又々愚稿少々溜り候間、御添削被成下候様奉願上候。且又先達て差上置、愚稿御添削被下候ハヽ、御次手之節、筏屋貞次郎方迄、御出し置被下候様、奉願上候。

これにより、小原竹香は、吟香の津山における詩文の師匠であったことが知られる。また、津山との連絡は、津山―西大寺を往来する、筏屋貞次郎に頼っていたことも知られる。

その屋号によれば、貞次郎の家は、津山と西大寺をつなぐ、高瀬舟の運航を業としていたことが知られる。おそらく、吟香が江戸に出た時には、貞次郎の舟に乗ったことも類推されるのである。明治五年（一八七二年）、吟香が久々に帰省した時にも、津山の筏屋を訪ねており（五月五日）、吟香と貞次郎とは、商売を抜きにしたつきあいがあったようである。

五　昌谷精渓塾への入塾と吟香の読書

さて、吟香は、自分自身のことについては、

扨、小生、未得志、忍屈致居申候。身上之萬事、申上度候へとも、永田先生へ申上候間、略し申候。先日、『海國圖志』と申もの出板ニ相成、一閲仕候處、殊に〔亜〕墨利加之事共、委細に申尽し御座候。其外、夷國之事共委敷物ニ御座候。（中略）當月朔日、精渓先生・関口先生・書生十八人同道ニて、海晏寺、觀楓之遊致し、最興多き事ニ奉存候。（再略）

小生、『明朝紀事本末』読居申候。中村清一郎君、此邸江、先日御帰り被成候、由。未逢ひ不申候。

などと書いている。

察するに、この書簡は、江戸到着後、第一信を永田幸平に呈上した後に書かれた、小原竹香宛ての第二信であるようである。

文中の「いまだ志を得ず、忍屈致し居り」の一語により、吟香は、江戸に出た時、すぐに立身出世が実現するかのような夢を見ていたようである。

嘉永七年（一八六四年）十月一日に、吟香が昌谷精渓たちと紅葉狩に出かけた、海晏寺は、『江戸名所圖會』にも出てくるほどの、紅葉の名所であった。また、「中村清一郎君、この邸へお帰り」とある、「この邸」は、津山藩邸であるにちがいない。何となれば、昌平黌に学んだ学生たちの姓名を記した、『書生

寮姓名簿』によれば、中村清一郎は、津山藩主・松平越後守の家来であり、「嘉永六入　七退」と記されている。言う間でもなく、越後守は、津山藩主・松平斉民（なりたみ）の官職名なのである。従って、中村清一郎は、まぎれもない津山藩士であり、同時に、吟香は、江戸に出た時には、津山藩邸のやっかいになっていたことを知ることができるのである。なお、吟香書簡に、「中村清一郎君、此邸江、先日御帰り被成候」の「御帰り」は、昌平黌の寄宿寮から鍛冶橋の津山藩邸に戻った、という意味であろう。

以上を要するに、吟香は、嘉永七年（一八五四年）当時、鍛冶橋にある津山藩邸に滞在しつつ、津山藩儒・昌谷精溪に従学していたのである。

先に引いた『岡山縣人物伝』（岡山縣、明治四十四年、一九一一年）によれば、精溪（名碩）は、川上郡九名村（日里村）の人。寛政四年（一七九二年）に生まれ、青年時代には、筑前の龜井南溟に、また、江戸で、佐藤一齋に学び、さらに、昌平黌に入って、経義・文章を専修した。文政七年（一八二四年）、三十三歳にして、津山藩主に仕え、侍講となる。安政五年（一八五八年）八月、江戸の藩邸に没す。年、六十七。

『岡山縣人物傳』には、「精溪、経学を治め、『周易』『毛詩』に精し。『周易音訓』『書集傳纂疏』『小學書合纂』等の著あり。皆、世に刊行す」と記されている。

なお、岡鹿門の回顧録『在憶話記』巻三（随筆百家苑第一巻、中央公論社、昭和五十五年、一九八〇年）には、「林門諸家」の一人に昌谷精溪をあげ、その自注には、

昌谷精渓　備中の人。〔佐藤〕一齋の女婿なり。聖堂舎長の時、津山藩に登用。

とある。

幕末の大儒、佐藤一齋が自分の娘の婿に選んだのであるからには、精渓が、前途を嘱望された、青年経学者であったのは確かである。

話がわき道にそれてしまうきらいがあるが、吟香がどうして、津山藩の侍講・昌谷精渓の塾に入ることができたのかを考えておかなくてはならない。何となれば、吟香が生まれたのは、三洲（三河）擧母藩の飛び地である、作州・中垪和谷村であったからである。身分制度が厳格であった江戸時代、他藩の農民上がりの青年が、大藩・津山の侍講の学者に入門することなど、ほとんどあり得ないことである。

だが、ここに、吟香と昌谷精渓とを結びつけることが可能な、細い一本の線がある。それは、阪谷朗廬（文政五年、一八二二年―明治十四年、一八八一年）の「送師録」である。ここで言う「師」とは、昌谷精渓を指している。昌谷精渓は、嘉永三年（一八五〇年）秋、津山藩の世子・松平慶倫のともをするために、津山に滞在していた。阪谷朗廬は、江戸に帰るわが師・昌谷精渓を見送るために、自分の興譲館がある、備中九名村から津山に出てきていたのである。

かれの嘉永三年（一八五〇年）八月十五日の「送師録」には、

午後、舊友大村斐夫を訪い、歓談す。小原元禮、會（たまたま）坐に在り、一見して舊の如し。元禮、竹香を號とし、家、徳守祠の祝たり。才思敏捷、最も詩を善くす。

とある。徳守神社は、津山の氏神を祭った神社（現在、社殿は、岡山県指定重要文化財）であり、竹香の家は、代々、ここの神主であった。朗廬は、かれを詩の名手だと認めている。

一日置いた、同月十七日の日記には、

晩、醫人・北山冬松を訪ふ。（中略）舊友永田子誠を招き、談笑、更（とき）を寫す。酔後、子誠と月を溝（ママ）外に歩む。爽朗、昼の如し、快意、知るべし。

さらに、二十三日の日記には、次のように記されている。

午後、小原竹香を訪ひて、小酌。相携えて、永田子誠の書楼に會す。藩、前年、市人の為に、校を設けて、子誠を以て講師と為す。蓋し、また〔稲垣〕研嶽の建議に出づ。楼、四面皆商家なり。而るに、校の背に隙地あり。故に塵喧甚だしくは至らず。諸子皆至り、酔餘、新舊を談雜し、興淺からざるなり。

阪谷朗廬の原文は、永田子誠が講師を勤めていた施設を「校」と記しているが、その実、津山藩では、「教諭所」と呼んでいた。ここは、津山藩士のためではなく、「市人」つまり農・工・商の身分の者のための学校であった。ここは、津山藩の藩校ではないので、三洲擧母藩の飛び地からやってきた吟香もまた、入学が可能だったのであろう。

吟香の傳記に言う「永田子誠」と同一人物であるにちがいない。「子誠」は、かれの字（あざな）であったであろう（「幸平」は、その通称であろう）。朗盧は、敬意をこめて、かれを「子誠」と読んだにちがいない。吟香は、一方で、山西において、寺子屋の師匠をつとめながら、他方では、永田幸平の「教諭所」の生徒でもあったのである。また、吟香は、永田との関係で、書画に造詣の深い、小原竹香の弟子にもなっていたのであろう。

さて、馬場の『備作人物傳』の「岸田吟香傳」は、

　津山永田幸平に従ひ学び、後、上原存軒に従ひ、江戸に遊び、昌谷精溪の門に入る。

となっており、『岡山縣人物傳』も、これを襲っている。

平静にこれを読むなら、上原存軒に「従ひ」とは、存軒と同行して江戸に行ったということになろう。それに、吟香が、存軒に従学したという記載は、どこにもないのである。

『津山地方郷土誌』巻二には、大村成章（號桐陽）撰の「上原西郊（號存軒）碑銘」が収められている。上原存軒の生没年は、文化元年（一八〇四年）―明治五年（一八七二年）であるが、若年に、江戸で古賀侗庵に従学したことを除けば、かれは、終始、津山藩の世襲の重役として生涯を送っている。つまり、存

軒は、弘化四年（一八四七年）十月、大目付に抜擢され、安政三年（一八五六年）には、小姓頭格に昇進している。

吟香が上海で書いた『呉淞日記』には、嘉永五年（一八五二年）十一月朔日、「津山で日食を見た」とあったから、すでに述べたように、吟香の江戸到着は、嘉永六年の春以降ではなかったか。當時、存軒は、津山藩の大目付であったから、藩用のために、江戸に出府したと思われる。だが、かれは、生来、病弱であったので、若者の付き添いが必要であった。かくして、吟香は、江戸に出る幸運にめぐまれ、同行の御褒美として、昌谷精溪の塾にも入ることができ、その上、津山藩邸での居住も認められたのではあるまいか。もちろん、永田幸平の後押しがあったにちがいない。

さて、経学者・昌谷精溪の塾に入門した、わが吟香は、昌谷塾で、何を読んでいたであろうか。これまで何度も引いた、小原竹香宛ての書簡には、吟香は、ごく簡単に、「小生、『明朝記事本末』を讀居申候」とだけ記している。

わたくしは、これを読んで、意外な感に打たれたものである。それは、吟香は、師匠が専門とする経書ではなくして、史書を読んでいたからである。

横道にそれるが、『明朝記事本末』について、一言しておくことにする。

中国では、王朝が交代するごとに、新しい王朝が、前王朝の歴史を叙述する。言うまでもなく、明朝の次の王朝は、清朝であるから、国家の正史として編纂されたのが、『明史』である。『明史』は、全三八二巻の大著であり、その最後の編纂総裁は、張廷玉（一六七二年―一七五五年）であり、『明史』は、雍正十三年（一七三五年）に完成した。

他方、『明朝記事本末』全八〇巻は、清初の谷應泰の私撰であり、谷の傳記は、『清史列傳』に簡略な記事が見られるだけである。『明朝記事本末』は、畿輔（きほ）叢書の中に収められてはいるが、肝心の谷の序跋を欠いている。だから、『明朝記事本末』の成書の年代は不明であるが、『四庫全書総目』巻四九によれば、かれは、順治四年（一六四七年）、進士に及第しているから、おそらく、張廷玉の誕生以前に、この史書は、完成していたと思われる。私撰とは言うものの、『明史』成立以前に存在した、唯一の明の通史であった。

ここで問題とすべきは、経学者の昌谷精溪が、入門したての吟香に、なぜ、経書ではなくして、史書を読ませたのかという問題である。

さて、史書は、人名・地名であることを了解できれば、それほど読解するのに困難はない。だが、四書・五経等の経書は、そうはいかない。特に、十世紀以降の宋時代になると、宋学の形而上学化は、甚だしくなり、初学入門の弟子には、とても読解することができない。そこで、精溪は、漢文の読解力をつけさせるために、吟香に『明朝記事本末』を読ませたのではなかったか。誤解を恐れずに言うならば、明治になってから書かれた多くの吟香傳とはちがって、江戸に出たばかりの吟香は、漢文の読解力そのものを養わなければならなかったのではなかろうか。

最後に、『明朝記事本末』が、日本に伝来したのは、弘化二年（一八四五年）五月であった（大庭脩氏、『江戸時代における唐船持渡書の研究』、昭和四十二年、一九六七年）。吟香が江戸に出た當時、この本が、それほど有名な本であったとは思われない。

さて、小原竹香宛ての書簡には、『明朝記事本末』以外に、もう一部の漢籍、『海國圖志』についての言及がある。書簡の中段に、

　先日、海國圖志と申もの出板に相成、一閲仕候處、殊ニ〔亜〕墨利加之事、委細ニ申尽し御座候。其外、夷国之事共、委敷物ニ御座候。

とある。
長澤規久也氏の『和刻本漢籍分類目録』（汲古書院、昭和五十一年、一九七六年）には、次のようになっている。

　海國圖志　現存一巻（巻一）　清　魏源撰。鹽谷世弘・箕作阮甫校
　嘉永七（一八六四年）刊（須原屋伊八）句・返・圏（ママ）　大二
　海國圖志　墨（ママ）利加州部八（ママ）巻（原巻三九―四三）
　嘉永七刊（和泉屋吉兵衛等）句・返・送　大六

これによれば、『海國圖志』は、同じ嘉永七年（一八五四年）に、須原屋伊八版と和泉屋吉兵衛版とが

同時に出版されたらしい。長澤氏は、和泉屋版の方には、校者の姓名を示さないが、須原屋版に、校者の姓名が記されているので、和泉屋版の方には、これを省略したものと思われる。因みに、『海國圖志』の原著は、全一〇〇巻もの大著であり、〔亞〕墨利加州部は、巻第三九から第四三までの五巻にあてられてあったのを、和刻本では、八巻に再編したようである。

さて、魏源（一七九四年―一八五七年）の原著に、訓点を施したのは、鹽谷世弘（號宕陰）（文化六年、一八〇九年―慶應三年、一八六七年）であった。かれは、「翻栞海國圖志序」をものしている（『宕陰存稿』巻四）。それには、

（前略）此の書、客載、清商の舶載するところとなる。左衛門尉川路君、其の有用の書なるを謂ひ、亟に翻栞を命ず。原刻、甚だしくは精ならず、頗る譌字多く、予をして、これを校せしむ。其の土地・品物の名稱は、すなはち、津山の箕作庠西（阮甫の字）、洋音を行間に注す。（中略）。

大日本嘉永七年歳次甲寅夏六月下浣。

とある。

「左衛門尉川路君」とは、川路聖謨（享和元年、一八〇一年―慶應四年、一八六八年）のことである。「客載（去年）」とは、嘉永六年（一八五三年）のことであり、當時、かれは、勘定奉行兼海防掛として、長崎に出張したのである。ロシア使節・プチャーチンに応接するためであった。

かれは、長崎でこの『海國圖志』を入手すると、江戸に持ち帰り、幕府儒官の鹽谷宕陰に訓点をつけて、翻刻を命じたのである。そして、この書物に記載されている、外国の国名等に、振り仮名をつけたのは、津山藩医のまま幕府天文台に出仕していた、箕作阮甫であった。かれは、川路の通訳として、長崎に同行していたのである。

この本が出版された當時、岸田吟香は、津山藩邸に滞在していたから、刷り上ったばかりのこの本を読むことが可能なのであったろう。

なお、ペリー来航時、昌平黌に在学していた、仙台出身の岡鹿門は、當時の青年のすべてが、「攘夷党」であったと記している（『在憶話記』）。もちろん、わが岸田吟香もそのうちの一人であった。當時の吟香は、後年、自分がアメリカ人宣教師とともに、和英辞典編纂のために、上海まで出かけるなど、夢想だにしなかったにちがいない。

六　江戸における友人・田崎格太郎

吟香は、昌谷精溪塾で、一人の青年に出会った。これが、吟香の江戸時代の後半の生活を助けてくれるきっかけになった。青年の名は、田崎格太郎（天保十四年、一八四三年―慶應三年、一八六七年）という。

格太郎の父は、野州足利藩士の画家・田崎草雲（文化十二年―明治三十一年）であった。草雲は、明治になってからは、画家としての名声が高まった（帝室技藝員に任ぜられた）ものの、江戸時代には、貧窮のどん底にあった。それで、「格太郎は、上野寛永寺内の東漸院の学童となった」ことがある（須永金三郎『草雲先生』大正二年、一九一三年）という。

吟香自身、『呉淞日記』第二巻、慶應二年（一九六六年）十二月二十日の条に、次のように記している。

此八月のはじめつかたに、うへのの東漸院にて、からへいくからとて、人々にわかれた時に、格さんが封じた物を出して云、「これハ、送別のうた也。からへい〔ツ〕てからあけなされ」云々。（注、吟香は、促音の「つ」を省略するくせがある）

此かくさん、十幾ねんのともだちにて、かざばし（ママ）〔「鍛冶橋」の誤り。津山藩邸があったところ〕の精溪先生の處にゐた時からのなじみだから、兄弟のやうにおもふてゐる。

ここでは、田崎格太郎が、上野寛永寺の支院・東漸院の住人であったこと、昌谷精溪の塾生であったことを指摘するだけにとどめよう。

さて、東漸院は、寛永寺の三十五あった支院のひとつであった。これらの寺院には、寺侍がおり、僧侶のための雑用や寺院が支配している商店の監督などを担当していた。寺侍の中には、妻帯者がいる場合もあったが、吟香の画いた挿絵によると、東漸院は、青少年の小坊主ばかりのようである。

七　「忘年の友」澤氏

依田學海は、『譚海』（鳳文館、明治十八年、一八八五年）、巻一に、「澤鶯君傳」と題する、一篇の傳記を収めている。

> 鶯君、名は歌、姓は澤氏。越人澤某の女（むすめ）なり。某、高田侯に仕ふれども、故ありて致仕す。江戸に流落して、貧なること甚だし。美作の人・岸墨江（吟香の號）、某と善し。某、人と爲り、硬直なれば、世と合わざるも、獨（ひとり）、墨江とは、忘年の交わりをなす。時に、某、年五十餘、墨江は、すなわち僅かに二十四（ママ）。いまだ幾（いくばく）ならずして、墨江、京師に遊学すること三年なり。
>
> 東都、大いに震う。墨江、急ぎ還りて、某を問へば、則ち死せり。寡婦・孤児なお在るも、以て生活する莫し。墨江、これを存問して怠らず。

吟香は、後に、この「孤児」とは、夫婦になるのだが、その詳細は、後に述べることにする。

八　吟香の西遊、美作別所の光元家

依田學海は、「墨江、京師に遊學すること三年なり」と書いている。その間に、澤某氏は、安政二年（一八五五年）十月二日の江戸の大地震で、死亡してしまったのは、すでに述べた通りである。

すでに示したように、吟香は、嘉永七年（一八五四年）十月十五日付で、津山の師・小原竹香宛てに手紙を書いていた。ところで、この年の十一月二十七日に、改元があり、年号は、嘉永から安政になる。依田の言う三年とは、いつからいつまでのことであろうか。

わたくしは、吟香が京師に向けて、江戸を離れたのは、安政二年の初秋であり、そして、江戸に戻ったのは、安政四年の夏であった。つまり、学海の言う「三年」とは、この間のことを指すのであろうと考える。また、その最初の目的は、「京師での遊學」ではなくして、病気の療養であった、と思われる。

事実、杉　謙二は、『岡山縣名鑑』（明治四十四年、一九一一年）の「岸田吟香先生」において、「岸田吟香先生遺墨」を掲載してくれている。それは、吟香が三人の人物と宴会をしている版画であり、その半葉に、「(安政二年、一八五五年）乙卯七月、刷之江戸寄園、美作岸田大郎（ママ）」という墨筆を見ることができる。「寄園」の二字の含意が、いまひとつ不明ながら、この宴会が、安政二年（一八五五年）七月に開かれたことは明らかである。わたくしは、この宴会は、実は、吟香が江戸を去る別盃であったと考える。吟香の美作到着は、一ヶ月後の八月中であったと思われる。

岡野増次郎氏は、「東亞先覺の巨擘　岸田吟香翁」（雑誌『日本及日本人』三七二號、政教社、昭和十四年、一九二九年、五月）において、美作国久米郡龍山村別所の光元家に嫁した、吟香の伯母の直話を載せている。

その頃、翁は、幼名銀次を以て呼んで居った。

彼は、何處よりか、大蜘蛛（方言「女郎ぐも」と云ふ）数匹を捉へ来り、之を〔光元〕家の廂裏に置く。蜘蛛は、晩間、網を張りて、蛾蟲の懸るを待つ。銀次、竹の節をくり抜て、吹箭を作り、好適の距離より之を打つ。その箭、蜘蛛に中れば忽ち落ち、中らざれば、ユサユサとして、恰も猿公の金網を揺ぶる如くす。銀次、これを見て興がり、以て銷遣（ひぐらし）の日課としたので、「二十三にもなって、餘りにも子供のやうである」と、嚴しく儆（いましめ）たところ、銀次、笑つて答へず。（下略）

と記している。

なお、岡野氏は、傳記の前段において、安政二年（一八五五年）十月の江戸大地震に言及していて、その時の病気が西遊のきっかけになった、と記しているが、これは、馬場氏の吟香傳をそのまま踏襲しただけの話であり、採用することはできない。何となれば、伯母の直話に出てくる、女郎蜘蛛は、夏から秋に発生する昆虫であり、冬十月以降に出てくる気づかいはないからである。それに、『岡山名鑑』に掲載する版画からは、吟香が江戸を離れたのは、安政二年（一八五五年）七月であったことが知られるからである。ところで、久米郡龍山村別所は、吟香の生家がある、中垪和谷村（現美咲町）とは、山一つ越えた、すぐ南方に位置している。吟香は、伯母の嫁ぎ先の別所まで戻って来ながら、どうして実家で病を養わなかったのであろうか。残念ながら、わたくしは、その理由を証明するだけの、資料を見つけることができないでいる。

土師清二は、『吟香素描』（東峰書院、昭和三十四年、一九五九年）において、吟香の両親は、「江戸になど行かさぬ」といっていたのを、わたくしの祖父・光元吉左衛門が、わたくしの実家から旅立たせた。

という、光元家の縁者の書簡を紹介している。もっとも、吟香の両親が江戸行きを反対したのは事実だとしても、光元家から旅立ったというのは採用できない。これでは、吟香が、江戸で津山藩儒の昌谷精溪の塾に入ることができた理由を説明できないからである。

明治五年（一八七四年）六月二十五日、吟香は、約二十年ぶりに故郷の土を踏む。かれの「歸省日記」（雑誌『社會及び國家』二三五號、昭和十年、一九三五年、十月）には、到着の翌日、「光本（ママ）吉太郎、とら来る」という記事がある。吟香が病身を預けた、伯母の名は、「おとら」であったかもしれない。なお、岡鹿門の中国旅行記『観光紀遊』巻七「滬上再記」の明治十七年（一八八四年）十二月五日の条に、「夜、光本（ママ）武雄来話。武雄は、吟香の姪（おい）なり」という記事がある。吟香は、安政二年（一八五五年）、伯母から受けた恩義に報いるために、「おとら」の息子を上海に呼び寄せて、世話をしていたものと思われる。吟香は、かつての恩義をわすれない人であったのである。

なお、草地浩典氏は、『岸田吟香雑録』において、岸田太郎（吟香の弟・助三の子）がものした、「光元武雄墓誌」を紹介している。

君、姓は光元氏、名は義貴、號は冠英、通称は武雄なり。父、名は義謙、母は、美甘氏。君は、その次子にして、萬延元年（一八六〇年）二月朔日を以て生まる。資性慧敏にして、初め育英に従い、後、航して上海に至り、吾が樂善堂に在りて、商務を幇理すること數年、頗る其の地の言語に遠（ママ）（「通」か）ず。尋いで、職を大阪府に奉ず。（中略）明治四十一年（一九〇八年）二月十三日病没す。年、四十九なり。

光元武雄氏の母親の姓が、「岸田」ではなく、「美甘」となっているのは疑問が残るが、この問題にはこれ以上、深入りすることができない。

光元武雄は、万延元年（一八六〇年）の生まれであるから、岡鹿門が出会った、明治十七年（一八八四年）には、数えで二十五歳になっていたはずである。かれは、上海樂善堂で、初代の圓山大迂に次ぐ、第二代目の青年番頭になっていたと思われる。

九　吟香、大坂に出る

さて、吟香の病気は、その年（安政二年）の冬までには、快癒していたらしい。

『呉淞日記』慶應二年（一八六六年）十二月二十八日の条には、

けさ、ふるい草稿を出して読んで見るに、十一年前（安政二年、一八五五年）のとしのくれに、浪華にゐて作った詩がある。題ハ、「歳暮感懐」にて、

岸生！岸生！
剣を學ぶも、書を學ぶも、一として成る無し。白駒は繋ぐべからざるに、他郷にて幾歳を送るや。武城にて花を看（み）れども、跡、すでに陳（ふる）し。洛陽にて、馬を走らすも、車は空しく逝くのみ。吁嗟（ああ）、窮達、天に問ふを休（や）めよ。ただ當（まさ）に金樽の前に酔い倒るべし。

とやらかしてあるが、おいらが二十三のとしのお作なり。

短文少句ながら、安政二年（一八五五年）の年の暮れにおける、数えで二十三歳になっていた吟香のあせりが、遺憾なく吐露されている。

これを要するに、吟香は、この年の晩春、江戸で遅い桜の花を楽しんだ。かれは、この花が殊の外に好きなので、その別號を「櫻」あるいは「さくら」としたほどである。しかし、春が過ぎて夏が終わる頃、病におかされてしまい、美作への帰郷を余儀なくされた。何らかの事情があって、実家の大瀬毘には、帰ることができず、別所の伯母の家にころがりこんで、秋を過ごしたのである。

十　南摩綱紀と江戸に向かう

吟香は、安政四年（一八五七年）、江戸に戻る途中、南摩綱紀とともに、京都を通りかかった。その時、吟香は、攘夷派の志士、数人を訪問したようである。

『呉淞日記』慶應三年（一八六七年）一月八日の条には、次のように記している。

ことし、日本へかへッたら、あひにいきたいもんだ。（中略）京のいへさともうめだもらいも、月性（げっしょう）もミなしんだ。だから、いきてゐるうちにはやくあッて、酒でものんでたのしまねバ、つまらない。

「いへさと」は、家里松嶹（文政十年、一八二七年―文久三年（一八六三年）。かれは、伊勢松阪の人で、安政二年（一八五五年）以降、朝幕間の離間を策して、京都で奔走した。安政五年（一八五八年）の大獄では、辛くも逃れたが、文久三年（一八六三年）、京都三条河原に梟首された。

「梅田」は、梅田雲濱（文化十二年、一八一五年―安政六年、一八五九年）で、若狭小浜藩の出身。安政二年（一八五五年）前後には、京阪地方において、攘夷運動を展開。安政五年（一八五八年）九月、安政の大獄の最初の逮捕者として、江戸に護送された。そして、翌年九月、幽閉先で病死した。

「らい」は、頼山陽の末子・三樹八郎（文政八年、一八二五年―安政六年、一八五九年）である。かれは、安政の大獄（安政五年）のために、京都で逮捕され、江戸へ檻にいれたまま、護送され、安政六年、小塚原で、処刑された。

「月性」（文化十四年、一八一七年―安政五年、一八五八年）は、長州の僧。吉田松陰とも親しく、安政二年（一八五五年）頃から、時事を論じ、お互いに詩文の批評を交換しあっている（『幕末維新人名事典』、奈良元辰也編、学藝書林、昭和五十三年、一九七八年）。かれは、安政四年（一八五七年）、長州に帰国して、翌五年五月、急死した。

さて、吟香の『呉淞日記』を読んでいると、かれが、いま一人、重要人物を書き忘れていることに気づかざるを得ない。それは誰かと言えば、梁川星巖（寛政元、一七八九年―安政五、一八五八年）である。

星巖は、美濃の国の人であるが、江戸でその文名を馳せた。だが、弘化三年（一八四六年）、五十八歳の時、突然、京都に移り住んだ。そして、将軍継嗣問題や条約勅許問題などで、尖鋭な議論を展開するようになった。それもあって、安政五年（一八五八年）、井伊直弼が大獄を発動すると、星巖は、真っ先に弾圧の対象になった。だが、逮捕の直前、かれは、コレラに罹って、急逝してしまった。世人は、「星巖は、死（詩）に上手」と評判したそうである。

『明治の傑人　岸田吟香』（平成二十四年、二〇一二年、豊田市郷土資料館）には、吟香の星巖宛ての書簡が載せられている。

この書簡は、安政五年（一八五八年）九月付の「梁川星巖、取上候書類写」に収められている。取り上げたのは、京都町奉行・岡部土佐守と小笠原長門守である。なお、封筒の裏側には、「書面、江戸の岸田太郎は、知ル人ニ無之、身分も相心得不申旨、〔頼〕三樹八郎申立ニ罷在候」と書かれた、下げ札が貼ってある。

さて、星巖に宛てた、吟香の書簡の書き出しは、

上野の山中に引きこもり、疏竹喬松耳（のみ）、ともといたし候。

とある。吟香は、二度目の江戸行きでは、もはや、昌谷精溪塾に戻る気はなく、寛永寺東漸院の田崎格太郎のところにころげこんだのである。また、その「追って書き」には、

去年、御立より申上候節、頂戴仕候、南朝天子御魂香之御作之書、其外段々、南摩三郎之荷物江入れ候様頼候處、其侭奥州江持歸り、更に便りなく、送り呉不申、実ニ口惜敷候。

と書かれている。

この書簡は、吟香が二度目に江戸に到着した、安政四年（一八五七年）六月二十四日後に書かれたことを知ることができる。そして、吟香が、「去年」に、京都の梁川星巖を訪問し、かれから「南朝天子御魂香」と題する作品（おそらくは漢詩）を贈られたことが知られる。その季節が「去年」のいつであったのかを知ることはできないが、おそらくは、吟香が、南摩とともに、大坂から江戸に戻る途中であったと思われる。

南摩は、會津藩の出であり、弘化四年（一八四七年）に昌平黌に入り、嘉永四年（一八五一年）に退寮している。安政四年（一八六七年）閏五月十八日付、梁川星巖の小原鐵心宛ての書簡に、

津輕（ママ）の南摩三郎も、九州遍歴相済み、もどり候。

と記されている（上野日出刀『日本の思想家』三七「梁川星巖」、明徳出版社、平成十年、一九九七年）。

吟香は、南摩と連れ立って、京都の梁川星巖を訪問したものと思われる。憶測をたくましくするなら、吟香は、南摩綱紀と同行したからこそ、高名な梁川星巖にも面会することができたのであろう。南摩は、大藩會津の藩士であり、かつ、昌平黌でも舎長をつとめたキャリアがあったからである。京都での勤王の志士たちとの交友も、あるいは、梁川星巖の紹介があったからかもしれない。

さて、「南朝天子御魂香」の詩題からは、梁川星巖が、當時の一般的な風潮とはちがって、ただの攘夷一辺倒ではなくして、尊王論者でもあったこともうかがわれて、興味深いものがある。

要するに、安政四年（一八五七年）吟香は、大坂で、會津藩の南摩綱紀と出会い、連れ立って、再び江戸をめざした。南摩は、その「岸田吟香傳」において、

安政二年、一八五五年、〔吟香〕病んで、郷に帰る。幾（いくばく）もなくして、癒ゆ。父母、其の遠遊を欲せず、因りて、浪華に至り、藤澤東畡に従学す。時に、余、鎮西に遊び、歸途、浪華に滯し、ともに相交わる。遂に、共に伊勢太廟を拜し、江戸に至る。吟香、藤森弘庵の塾に入り、川田甕江・依田百川等と同（とも）に學ぶ。

と記している。

土屋弘の「南摩羽峯先生傳」によれば、南摩は、二十五歳（弘化四年、一八四七年）の時、藩命により、昌平黌に入り、在黌八年の長きに及んだ。安政二年（一八五五年）、これまた藩命により、中国地方及び九州地方の探索の旅に出る。そして、その結果は、『負笈管見録』五冊に結実した。

この本の写本は、会津若松市立図書館に所蔵されているが、残念なことに、南摩のその日その日の行動記録ではなく、かれが訪問した諸藩に関する概括的な報告書になっている。従って、南摩が、何時、どのようにして、吟香と大坂で出会ったのかを知ることができない。

『負笈管見録』の序文において、南摩は、次のように記している。

（前略）安政乙卯（二年、一八五五年）の夏、余、笈を上国に負い、丁巳（四年、一八五七年）の夏に到るまで、遊跿殆んど、畿甸・山陽・山陰・四国・九州に周し。途上に覧観するところ、二小冊子に雑記し、以て他日の証左となす。（下略）安政丁巳（四年、一八五七年）秋七月、江戸金杉の戍衛に識す。羽峯小史南摩綱紀。

南摩の遊記は、尾張に始まり、徳島に終っている。そして、付記として、右の外、京師・浪華は、人々、熟知する処なれは、贅記せす。其他、経過の諸藩あれども、記するに足らさるものは、之を略す。

とあるので、われわれが望んでいる、浪華における、吟香との交友など、知る由もない。

わずかに、南摩と吟香が江戸に到着したのが、安政四年の夏のことであったのを知るのみである。

ここで、吟香が星巖に宛てた書簡の日付が、六月二十五日であったことについて、一言しておかなくてはならない。吟香は、星巖からもらった漢詩を、南摩綱紀に預けておいたので、奥州（會津）に持って行かれてしまった、と書いていることである。

その実、南摩は、藩に提出する、『負笈管見録』を、安政四年（一八五七年）七月、江戸の金杉で書き上げたのである。吟香の言とはちがって、南摩は、まだこの年の秋まで、江戸に滞在していたのである。だとすると、吟香と南摩は、江戸で会ってはいないのである。おそらくは、お互いの住所さえも、知らなかったのではなかろうか。このことは、吟香と南摩は、親友と呼ぶには、ほど遠い関係にあったことを示していよう。

南摩は、大藩・會津から派遣された、重任を帯びた人物である。他方、吟香は、美作の寒村から出てきた、農民上がりである。吟香は、南摩からさほどに重視されてはいなかったのではあるまいか。

第三章　江戸の吟香（その二）

一　藤森天山塾への入門

安政四年（一八五七年）の夏、江戸に戻った吟香が、どこで何をしていたのかを教えてくれる資料は、残念ながら存在しない。後述するように、「澤うた」女と夫婦の契りを結んだことが知られるばかりである。

吟香の名前が、初めて確実な資料に見えるのは、『學海日録』安政五年（一八五八年）の四月五日の条である。

　　四月五日庚戌、岸田太郎見訪。

筆者は、「見訪」の二字にひっかかりを感じる。これを訓読すれば、「訪なはる」となるが、現代語に訳すなら、「お訪ねになる」という敬語が使われているからである。これは、依田學海にとり、岸田吟香は、初対面であったからではなかろうか。つまり、この日、吟香は、まだ藤森天山塾に入ってはいないことを示していよう。

安政五年（一八五八年）六月二十九日、吟香は、津山の友人・塘芳草（天保六年、一八三五年—明治十二年、一八七九年。『作州画人傳』による）に宛てて、手紙を書いている。

　　拝啓　酷暑の處、愈々御清栄相成御座候。
　　小生、端午後、例の脚気起り、東叡山に上り、相臥居申候も、今に全快不仕、困入候。一月斗、米塩を断而、小豆と麦ばかりにて命を續け、呑ものは、日々藥五ふくの外、水一滴も喉を不下致すも、今に快方にも不成、誠に身体憔悴、唯骨皮と存る斗相成候、御憐被下。（下略）

六月二十九日　　　　墨江櫻拜

芳草君

文中、東叡山とは、寛永寺の支院・東漸院を指すであろう。ここには、昌谷精渓塾で同窓であった、田崎格太郎がいたので、かれを頼って行ったにちがいない。吟香は、この年の五月と六月の間、病床にあったのである（『吟香素描』、土師清二、東峰書院、昭和三十四年、一九五九年）。

次に、『學海日録』に吟香の名前が登場するのは、同年九月一日の条である。

九月癸酉朔、早還彀塾、與荒木〔叔遠〕岸田等論議彗星。

読者のために、注を加えておくと、その前日、学海は、佐倉藩邸に父親を訪ねており、その日には、天山塾(彀塾)に戻らなかった。また、その夜、西の方角に彗星が現れたのである。つまり、安政五年（一八五八年）九月一日、吟香は、確かに藤森天山塾に在学していたのである。

吟香が、『學海日録』に三度目に姿をあらわすのは、翌安政六年（一八五九年）九月十七日である。この時、吟香は、その年の春から「村夫子」をしていた、上州伊香保から所用で、一時的に江戸に戻ったところである。この時、吟香は、初恋のひとを失うという悲劇に会うが、これについては後に詳述する。

　これを要するに、吟香は、安政五年の九月頃、藤森天山の塾に入ったようであり、安政六年の春には、伊香保に行っていたことが知られるのである。

二　澤氏「うた」

　安政四年（一八五七年）の夏、三年ぶりに、江戸に戻った、吟香は、すぐに二人の友人を訪ねたにちがいない。その一人は、上野の東漸院に住む、田崎格太郎である。そして、もう一人は、越後出身の忘年の友・澤氏である。

　前者の無事は、容易に、確認できたが、後者の方は、大きな災難に見舞われていた。澤氏は、安政二年（一八五五年）十月、江戸を襲った大地震で、この世を去ってしまっていたのである。

　齋藤月岑は、『武江年表』巻九、同年十月二日の条に、

> 亥の二点（午後十時）、大地、俄かに震ふ事、甚だしく、須臾にして、大廈高楼を顚倒し、倉廩を破壊せしめ、剰え、その頽れたる家々より火起こり、熾んに燃上りて、黒煙、天を翳め、多くの家屋資材を焼却す。凡そ、此災厄に罹りし儔、生命を損ひしもの、数ふるに遑あらず。（中略）江戸中、焼亡場所、合わせて、凡そ長さ、二里十九町余、幅、平均して二町程と聞り。

とその惨状を記している。

依田學海は、『譚海』巻一（鳳文館、明治十八年、一八八五年）に、一篇の漢文による伝記「澤鶯君傳」を収録している。

> 墨江（吟香の號）還りて某を問えば、すなわち死せり。寡婦・孤児なお在るも、以て生活するなし。墨江、これを憐れみ、存問、怠らず。一日、母氏、墨江に謂いて曰く、「先夫、在（いま）しし時、世と合わず、許可する者、少なし。顧（ただ）ひとり君を好（よ）き人なりと謂う。先夫は、唯一女のみ、豈（あに）以て他人に嫁すべけんや。請う、以て君を煩わさん」と。墨江、固持すれども、聴かず。顧みて、鶯君に謂いて曰く、「岸君、今より汝の夫なり」。鶯君、頬をあからめ、頸を俯して、微かに答えて曰く、「諾」、と。然れども、墨江、四方に遊学し、いまだかつて一日も倶（とも）に居らず。
>
> 居ること二年、母氏もまた病没す。墨江、為に其の喪を經紀す。服、畢（おは）りて、親戚、鶯君をむかえて、倶に居るを勸む。墨江曰く、「學、いまだ成らず、敢えて便安に就かんや」と。鶯君、後、墨江と、其の叔父の家に遇い、始めて素願を遂ぐ。
>
> 既にして、墨江、弟子に上野（こうづけ）に授け、あい見ざること一年。己未（安政六年、一八五九年）八月、事を以て、江都に来る。其の夜、墨江、寛永寺に宿る。夜半、人あり、叔父より至りて曰く、「娘子、病、急なり。なんぞ、來たり視ざるや」と。墨江、大いに駭（おどろ）き、馳せて至れば、既に及ぶなし。墨江、

一慟、ほとんど絶えんとす。この時に當りて、都下、大疫あり。死するもの、數千人。鶯君も亦免れず、と云う。時に、年、十六。

吟香の初恋は、はかなくも終わってしまった。

依田學海の為に惜しまれることは、母親の「吟香を夫としなさい」という言いつけに対して、「鶯君」が「諾」と答えたという一語である。ここは、是非とも、「唯（い）」と書くべきであった。「唯」は、「唯々諾々」の「唯」であり、前者は、「はい！」という丁寧な応対であり、後者は、ぞんざいに「分かった！」という意味に使うのが、漢文の常識だからである。

さて、依田學海は、もともと、その『日録』安政六年（一八五九年）九月十七日の条にも、吟香の悲恋等を記している。

九月十七日、晴る。（中略）こと終わりて、兩國の方迄おもむかんとて、川邊を過りしおり、岸田太郎が向ひより來ぬるにあひぬ。過ぎにし春、藤森翁の家にて物語せしままにてありければ、途に立ちてしばし、打かたらう。太郎、春すぐる頃、上つけの国に旅寝して、書よむことをもて、人の家に居り、ふづきの初め、ここにかえりつ。吾妹子（わぎもこ）と定めたる人を具（ママ）して、再びかの地におもむかまくせしに、葉月の中頃、かの女、ときのけにて身まかりぬ。かかりければ、後のこと、かにかくととりしたためつつ、此月まであり。久しくかくてあるべきにあらねば、ひと日ふた日が程には、また、上毛

の国にまかるべしと聞ゆ。（再略）
太郎、この日、濱町に住める友・安藤力彌、名は、野かりとなんいふ人をとふなり。かかるひとにあひて、御くにごとをとはばやと、早くも思ひしにぞ。太郎と共にかのひとがりにて、久しく物語り、しばしありて、かへりぬ。野雁は、上毛の人なり。萬葉・源氏等のふみにくわしく、御國文かくことにたへなり。そがかける、「萎める花」てふ文は、太郎がつまの爲にせしなりとぞ。

依田學海が『譚海』に収録した、「澤鶯君傳」は、この日の日記をもとにして、後年、漢文で綴られたものであろう。なお、「鶯君」は、學海が、死者にたむけた、諡号（しごう）（おくりな）であろう。彼女の本名は、「うた」というのであった。

吟香は、この「うた」女のことをいつまでも忘れなかった。

安政六年（一八五三年）から十数年後、吟香は、慶應二年（一八六六年）九月から同三年四月まで、アメリカ人宣教師・ヘボンとともに上海に滞在する。上海滞在中、吟香は、丹念に『からつと』または『呉淞日記』と題する日記を書いた。残念なことに、現在では、第一冊と第四冊とが欠本になってしまっている。

その第二冊の慶應二年（一八六六年）十二月二十二日の条に

けふは、そんでい（注、日曜日）だから、どこぞあそびにいかうとおもふてゐる時、阿珍が乞食のやうに成ツてきて、「ぎんさん、わたくしハ、こんなになりました。どうぞ、たすけてください」といふて、ぱらぱらなみだをおとしてなく。かワいさうでもあり、しかたがないから、ありや（ママ）わせた、だらを半元やる。きものも、こしから下にハ、ろくになささうだから、ねまきを壱枚やつたら、「ありがたう」「ありがたう」といふて、出ていく。此やつたきものハ、なくなつた「うた」がきものにて、わすれがたみにつねにねまきにきてゐたけれども、ほかにやるきものがないからやるなり。

とある。

『呉淞日記』の第一冊が欠けてしまっているので、吟香は、どのようにして阿珍と知り合ったのかは不明である。だが、亡妻「うた」の寝間着を、吟香は、十年以上も着続けていたほど情が深かったこと、そして、それを惜しげもなく、貧しい外国人にくれてしまう、吟香の気前のよさには、ひたすら、驚嘆するしかない。

三　「村夫子」から擧母藩士へ

それはともかく、依田学海の『譚海』と『日録』とにより、われわれは、吟香は、安政六年（一八五九年）の「はるすぐる頃、上つけの国に旅寝して、書よむことをもて、ひとの家に居た」のを知ることができる。この文字を読む限り、吟香は、上毛には、遊山の旅行をして、ひとの家に滞在して、呑気に暮らしていたようである。また、かれが、旅行に出る前は、吟香は、「藤森弘庵翁」の塾にいるか、少なくとも、その弟子であったことが知られる。

ところで、雑誌『手紙雑誌』（明治三十八年、一九〇五年、七月刊）には、編集子が「〇夏の山中生活」と仮題した、某年六月十八日付の岸田吟香の書簡が掲載されている。その書簡の末尾には、岸田吟香の略傳に加えて、「本年、六月八日、遂に不歸の客となりぬ。（中略）この書は、安政の末年、〔岸田吟香〕翁が、暫く上毛の僻陬にありし頃、内藤侯の家臣にして、翁の先輩たりし、森某に贈りしもの。清原櫻とは、翁の雅名」という編集子の注が添えられている。岸田吟香の訃報を知った、『手紙雑誌』のある読者が、編集子に宛てて、この書簡を投稿したものかと推察される。

さて、この書簡の執筆年代であるが、その末尾近くに「六月十八日」とあるだけなので、何年の執筆であるのかは不明である。だが、幸いなことに、書簡の終り近くに、「扨又、追々には、三十歳にも相成り候はばと申儀に御座候、小生も御屋敷へ帰り、御長屋拝借仕候而云々」とあるので、この書簡は、吟香が数えで二十九歳の年に書かれたことが知られる。それは、元號で言うなら、安政七年（一八六〇年）に相当するので、『手紙雑誌』の編集子が「この書は、安政の末年、〔吟香〕翁が内藤侯の家臣・森某に贈りしもの」と書いたのは、比較的正確である。ただ、この年の三月十八日、年號が「安政」から「萬延」へと改元されているので、書簡が執筆された六月十八日にはすでに、萬延元年になっていたのである。

また、「小生も御屋敷へ帰り、御長屋拝借仕候」とあるのによれば、吟香は、二度目に江戸にやってきた時には、一時的には、擧母藩の下屋敷に住んでいたらしいことがうかがわれる。吟香の郷里の作州垪和村は、擧母藩の飛び地であったので、最初に江戸に来た時から、擧母藩の江戸家老に顔をつないであったのであろう。

次に、この書簡の宛名の森宇左衛門については、少なからぬ資料がある。『三百藩家臣人名事典』（新人物往来社、昭和六十三年、一九八八年）巻四所収の「擧母藩」の記載を摘録するなら、

森精齋（文化二年、一八〇五年—文久三年、一八六三年）
擧母藩〔江戸〕家老。諱は、皜（たかし）、通称は、宇左衛門、號は、精齋。儒学への造詣が深く、また、書をよくし、治國防海を常に論じた。

とある。

さて、吟香の書簡の冒頭部分を摘録すると、時候の挨拶に続いて、

昨年は、此頃、御難儀被遊候。何卒、今年は、御無難是祈申上候。（中略）八月朔日には、御礼に罷出申候間、其節、萬々御物語可申上候。學問は、昨年よりは、能進み申候様、被存申候。

とある。

この書簡の日付は、六月十八日付になっているのだが、江戸時代には、「八朔礼日」という習慣があり、

旧暦八月一日には、師匠や上役の自宅に赴き、その恩顧を感謝する風習があった。吟香もまた、擧母藩の江戸家老・森宇左衛門を訪問して、年例の挨拶を述べる心づもりでいたのである。

ここで、森宇左衛門宛ての吟香の書簡に戻ることにする。

（前略）秋・冬并に來春まで、此地に逗留仕度奉存候。何れ（いず）、歸府之上、上堂、萬々可申上候。

吟香は、安政七年（一八六〇年）の春に上州に行ったのだが、その土地がたいへん気に入ったので、来春まで、ここに滞在したい、と言っている。ここにいれば、江戸とはちがって、食と住とは、完全に保証されているからである。

書状の終わり近くには、次のように記されている。

藤森も、如何成行候哉。一向、書状の返事も来り不申候。
扨、又、追々には、（三十歳にも相成候は々と申儀に御座候）小生も御屋敷へ帰り、御長屋拜借仕候而、其上〔鹽谷〕宕陰先生へ日々通ひ候而も宜敷奉存候。其爲には、先生も御近邊へ御引越の事、大幸に御座候。小生も又、御屋敷にて、学問仕候事、塾よりは雜費も少なく哉と奉存候。且、少々の御用向きは、相勤候とも、不苦哉に奉存候。乍併（しかし）、是は、不圖先日より思付候事にて、可否、未分明候儀

御座候。拜顔の上、萬々可申上候。恐々頓首。

六月十八日

清　原　櫻　拝呈

森宇左衛門様　侍史

この書簡を読むかぎり、森宇左衛門と吟香との関係は、一藩の家老とその藩士のようであったとは考えられない。それはまるで、若年の苦学生とその庇護者のような関係ではなかったか。第一、一藩の家老ともあろうものが、藩士の半年以上にわたる、温泉滞在を認めるはずがないではないか。

また、書簡には、鹽谷宕陰への言及があるが、宕陰には、「森白高（宇左衛門の字（あざな））傳」があり（『宕陰存稿』巻二）、二人が親友であったことを識る。

森　皜、字白高、別字宇左衛門。江戸の人也。世々、擧母城主・内藤侯に仕え、宰臣と爲る。白高、潤徳（内藤政成）・豊安（政優）・峻聡（政文）の三公に歴事す。豊安公、素より文武の才あるを以て聞ゆ。朝野、其の入りて、大政を參賛するを望む。白高、既に宰臣と爲り、同學・川西士龍と相ともに、經世の要務を訪求し、其の君の登庸せられて、以て寛政諸賢の丕蹟を紹ぐを冀（こいねが）ふ。幾（いくばく）もなくして、時相二・三公、相ついで絀（ちゅつ）免され、時事一變し、豊安公もまた卒（つい）に政府に入らず。

同時に、この傳記により、鹽谷宕陰は、かつての昌平黌での同学・川西士龍（擧母藩儒）を通じて、森氏と懇意であったことが知られる。つまり、吟香は、森氏を介して、鹽谷宕陰の弟子になりたいと言っているのである。

なお、書中の「藤森」とは、言う間でもなく、江戸の藤森天山（寛政十一年、一七九九年―文久二年、一八六二年）である。かれは、所謂「安政の大獄」の被害者の一人であった。安政五年（一八五八年）十月八日の夜、天山は、幕吏に拘引・尋問された。幸い、帰宅を許されたものの、謹慎を命じられた。謹慎の中には、他人との接触を禁ずることも含まれるから、弟子に講義することもできなくなった。おまけに、安政六年（一八五九年）十月二十七日には、「江戸、所払い」を命ぜられ、下総・行徳に移住しなければならなかった。

藤森天山は、美作の寒村から出てきた吟香には、生活の方便がなかったことを知っていた。そこで、天山は、上州・伊香保の知人に、自分の弟子を「村夫子」として雇ってくれるようにと、依頼したのではなかったろうか。なお、天山は、嘉永六年（一八五三年）の夏頃、伊香保に遊んでいる（『藤森弘庵』年譜、上野日出刀、明徳出版社、平成十年、一九九七年）から、しかるべき人物に吟香を推薦したものと思料される。

藤門天山が、弟子の窮状を救うために、「村夫子」にしてやった例を、依田學海についても、知ることができる。

安政元年（一八五四年）、依田學海が、生活の苦しさを弘庵に訴えると、「貴様も本が読めるやうになったから、いつそ田舎へ往つて、村夫子になるが宜い。乃公が手紙を書いてやらうと」と言われた。そして、學海は、同年十一月から翌年の二月まで、上州・下仁田に行って、村夫子になっていたのである。

後に、學海は、明治二十二（一八八九年）年七月、湯治のため、伊香保にでかけた。そして、滞在していた旅館（小暮武太夫）の一室で、師・藤森天山の書幅を見つけて、思わず一詩を賦したことがある（依田美狭古「天山先生と父百川」、雑誌『傳記』三號、昭和十一年（一九三六年）十月）。なお、學海が下仁田の「村夫子」になった話は、この雑誌の中に見ることができる。

後年、吟香は、明治十二年（一八七九年）八月二十日付の、津山の國米基藏宛ての書簡（津山洋学資料館所蔵）にも、

> 東京に而も、コレラ大分蔓延致し、困入申候。右に付、私共夫婦・小兒・婢僕共召連れ、凡十五人計に而、来る廿三日立にて、上州伊香保と申す處え、温泉に入湯に参り、凡そ一ヶ月餘も逗留の積りに御座候。長々宅を明け候而は、商賣には障り可申哉と存候へ共、命には替られ不申、誠に可怖事に御座候。

と書いている。

吟香が、コレラの避難場所として、伊香保を選んだのも、安政六・七年（一八五九年・一八六〇年）の

経験があったからであろう。

なお、吟香の一行は、十五人の大所帯であったのだが、當時、吟香の家族は、吟香夫婦のほかには、長男銀次郎・長女柳・二女お静の計三人しかいない（岸田麗子『父岸田劉生』雪華社、昭和三十七年、一九六二年）。残りの十人は、「婢僕」ということになるのだが、こどもたちには、それぞれおつきの「ばあや」がいたのである（『父岸田劉生』岸田麗子、雪華社、昭和三十七年、一九六二年）。

吟香は、「一ヶ月餘」も伊香保に滞在したのだが、これらの旅費・滞在費を苦も無く調達することができたのだから、當時の樂善堂の経営がいかに順調であったのかは、この一事からも容易に推測することができる。

閑話休題。

「横濱異聞」㈠（雑誌『社會及国家』一八二号（昭和六年、一九三一年、五月号）の冒頭には、

文久四年（一八六四年）六月二十四日、起筆。（中略）此間から、よこはまへ来た。（中略）去年（文久三年）は、まだ此ころは、かんつけの国、いかほといふ處にゐたりけり。ああ、ことしもいきたいもんでございます。

とある。

これによれば、吟香は、文久三年（一八六三年）の夏頃にも、伊香保で「村夫子」をしていたことが知られる。では、吟香は、万延元年（一八六〇年）の六月、挙母藩の江戸家老・森宇左衛門に書簡を呈した時から、文久三年に至るまでずっと、伊香保で「村夫子」をしていたであろうか。

なお、多くの吟香傳が、師・天山の「海防備論」を吟香が代筆したため、幕府の追求を逃れるために、上州に行ったのだ、と記すが、根拠に乏しいと言わざるを得ない。天山の「海防備論」は、ペリーが来航した、嘉永元年（一八四八年）七月にものされた（上野日出刀氏、前掲書）のであり、この時、わが吟香はまだ、江戸からは、はるかかなたの美作にいたのであるから。

それはさておき、吟香の伊香保からの書簡を受け取った、森宇左衛門は、どのように行動したであろうか。

この問題を考えるために、まわりくどくなるが、吟香の『呉淞日記』、慶應二年（一八六六年）十二月二十一日の日記を読んでみることにする。

（前略）十年ばかりまへに、ふと大名につかまへられて、五六年の間、さむらひのなかまにはいつて、いやでこたへられないから、いろいろとしてやうやくの事で、やしきをにげだして、かたなをうツちやツてしまツてから、もうつめくそほども、さむらひになるりやうけんハないが、夢にハたびたび刀をさしてゐる處を見るが、わからないもんだ。實に心にのぞまない事を見るからおかしい。上海に来てから三度ばかり、さむらひでゐる處をい（ママ）めに見た。いやな事だ。

われわれを苦しめるのは、吟香が「つかまへられたのは」どの大名であったのかを書いてくれなかったことである。この問題については、吟香は、一貫して大名の名前を明かしてくれないのである。わずかに、『學海日録』の明治三年（一八七〇年）三月二十八日の記事に、

岸田吟香の書を得たり。吟香、太郎とゝて（ママ）擧母藩に仕へたるが、致仕して、身を市井に託し、近來、飛脚船をもて、富を致せしといへり。

とある。『學海日録』に吟香が登場するのは、安政六年（一八五九年）九月十七日以来、久々のことである。その時、吟香は、初恋の「うた」を失ったばかりであった。われわれは、明治三年の學海の文により、吟香が仕えたのが、擧母藩であったことを知ることができる。

次に考えるべきは、吟香が擧母藩に仕えたのは、いつであったかということである。吟香は、それは「十年ばかりまへ」であったと言う。慶應二年（一八六六年）の十年前は、安政三年（一八五六年）ということになるが、われわれは、吟香は、この年、大坂にいたことを知っている。だから、吟香の言い分をそのままに承認することは困難である。

さらに考えるべきは、吟香が擧母藩士であったのが、いつからいつまでであったかという問題である。吟香は、漠然と「五六年の間、さむらひのなかまにはいつて」いたとしか言ってはいないので、その正確な時期を確定することができない。慶應二年の五年前なら、文久元年（一八六一年）であり、その六年前

なら、萬延元年（一八六〇年）ということになる。これを要するに、吟香が擧母藩士であったのは、文久元年前後であったのは確かである。

さて、農民上がりの吟香が、石高二万石に過ぎないとはいえ、擧母藩の藩士になることができたのはなぜであろうか。多くの吟香傳は、吟香は、その才能故に、擧母藩の儒官に抜擢されたのだと記しているが、吟香自身の筆になる、擧母藩との関わりを示す資料は、『手紙雑誌』に掲載された、森宇左衛門宛ての書簡が一通存するのみである。

さて、森氏の傳記は、『勤倹奉直例話』（小野利教、盛文館、明治四十二年、一九〇九年）に「第二十一　森宇左衛門」に載せられている。

> 森宇左衛門は、江戸の人で、字を白高といひました。代々、三河の擧母城主、内藤家に事へて、江戸家老をしてをつた。人となり慷慨であつて、恐ろしい勉強家で、精力は人に勝れてをりました。學問が大そー好〔き〕で、凡そ治國安民の道より、兵法・火術・航海等の書物を見れば、必ず手づから寫本をした。元より活版などの便利な印刷の方がなかつたから、一人机に向ひ、燈をかかげて、沈々と闌行（ふけゆく）夜中に、こつこつと書きうつしました。
>
> 孜々として倦まず撓（たゆ）まず、謄録する所の寫本は、筐五六十ぱいに及んで、それを座右に積んで置いて、反覆して披展（ひろげよみ）、必ず其の要領が得られた上でなくては止めない。然も、自分の役目が忙しいのに、その閑を偸みて、世に名高い、鹽谷宕陰、川西士龍、安井仲平、芳野叔果などと往来して、詩文をも

作りました。（下略）

一読、擧母藩の江戸家老・森宇左衛門は、上州伊香保温泉の「村夫子」とは、桁違いの学者であったことが知られる。恐らく、森氏は、吟香の手紙に感動して、かれを擧母藩に迎えたのではなかったか。

すでに考察したように、吟香の森氏宛ての書簡は、萬延元年（一八六〇年）六月十八日付で執筆されていた。書簡の中で、吟香は、「八月一日には、御礼に罷り出候間、其節、萬々御物語可申上候」と書いていた。だとすれば、吟香が擧母藩の「さむらひ」になったのは、最も早くて、萬延元年（一八六〇年）の八月ということになる。

では、吟香の「さむらひ」は、いつまで続けることができたであろうか。これは、かれを引き立ててくれた、森羽左衛門の寿命と密接な関係があろう。

鹽谷宕陰の「森白高傳」（『記事論説高等習文軌範』下巻、小笠原重明編、明治十八年、一八八五年）によれば、

予、〔川西〕士龍（擧母藩儒）に因て、以て〔森〕白高を識る。白高亦予に因て、以て〔安井〕仲平・〔芳野〕叔果等を識る。（中略）白高、尤も心を海防に留め、日夜劈畫する所あり。以て事に施んを思ふ。而して年五十九、中風以て没す。文久三年十二月十日也。没に先たつ期年、予、〔安井〕仲平・〔芳野〕叔果と倶に陞て大朝に仕ふ。時に、白高已に蓐に臥す。一日、往て問ふ。白高、頭を擡げて、慨

然事を論す。然とも、舌、蹇澁、了する能はず。只「期々天下天下」と云を聞。遂に、涕を攬て、而
して訣す。

森氏の没年は、文久三年（一八六三年）十二月であったが、実は、その一年前から、病蓐にあったらしい。だとすれば、わが吟香の「さむらひ」も、文久三年のうちに終わった可能性がある。かれが、「さむらひ」になったのは、萬延元年（一八六〇年）八月であったとすれば、かれの「さむらひ」であった年数は、文久三年まで、あしかけ四年であったのではないか。

四　擧母藩士・吟香

なお、安政七年（一八六〇年）は、その三月十八日に、萬延と改元された。また、それに先立つ、三月三日には、「櫻田門外の変」が起きていたのは、周知の事実である。また、その翌年（一八六一年）の二月十九日には、再度、文久と改元されたのである。

吟香は、文久元年（一八六一年）には、確かに江戸にいた。津山の画人・井上雲樵に宛てた、吟香の友人・塘雲田（芳草）の書簡（文久元年十一月二十五日付、『明治の傑人　岸田吟香』所収）には、

岸田大郎（ママ）も、近來、學業追々相勸（ママ）ミ、此節、墨田河東側と両國橋との間、東側に内藤侯（原注　三

州擧母之主。岸田ノ君侯也）之副邸御座候處へト居いたし、随分行われ居申し候。去月廿八日、新居の發會相催し、當日、諸先生來り集り、随分盛會に御座候。

とあるので、文久元年（一八六一年）十月には、吟香が確かに挙母藩士になっていたことが知られる。おそらく、前年、伊香保から森宇左衛門に出した、長文の手紙が功を奏したものと思われる。

また、文久二年（一八六二年）十月十五日付、津山の塘芳藏（雲田）宛ての吟香書簡（『明治の傑人』所収）にも、

（前略）近来、諸大名着國之令下り、諸藩、大ニ騒立申候。最早、大藩ニ而出立致候茂有之由。弊藩ニ而茂、家中之士、十餘人、國元へ引越申候。

とある。「弊藩」とは、擧母藩を指しており、この年に、吟香が擧母藩士であったことを確認できる。

南摩綱紀の「岸田吟香傳」（原漢文）は、吟香と擧母藩との関わりを最も詳細に記している（『環碧樓文鈔』巻二）。

（前略）時に、海内多事、志士多く獄に下り、或は刑に就く。〔藤森〕弘庵も亦た、下総に逐はる。吟香、禍の及ぶを恐れ、其の跡を韜晦す。萬延元年、（「歸江戸」三字、みせけち）某藩、竟に聘して、儒官

と爲す。

三月、水戸浪士の井伊大老を櫻田に刺すの變あり。又、水戸黨派の亂起り、諸侯或は幕命を奉ぜず。吟香、慷慨して藩主に説きて曰く、「海内騷然、志士、身を致すの秋也。願わくは、臣に授くるに、要職を以てせよ。聊か犬馬の勞を以てせん」と。而れども、用ふる能わず、僅かに藩邸を巡視するの職を以てす。

吟香、悅ばず、藩邸を脱せんと欲す。特に、陣笠を戴し、雙刀を佩し、先に邸外を巡視し、將に邸内に入らんとす。門兵、其の異状を見て、入るを許さず。

吟香、大聲にて呼びて曰く、「余、職を以て巡視す。邸外、異事なし。而れども、閽人、門を入るを許さず。敢て告ぐ」と。

遂に、吉原の妓樓に遊ぶ。翌日、雙刀を脱して、邸内を巡視す。當直の士、これを詰る。吟香曰、「余、農家に生長し、佩刀に慣れず。昨夜、吉原に遊び、雙刀を遺れて歸る」と。啞然として、大笑す。藩老、聞きて、これを罰す。後、又罪を得て、藩國に就くを命ず。吟香、途に逃げ、姓名・形狀を變じて、江戸浅草の裝潢師・銀次と稱して、他國に匿る。

一読、これは武勇傳として読むには面白いだろうが、傳記資料として扱う気が起こらない。

南摩は、話の舞台を「某藩」として言葉を濁しているが、吟香がどこかの藩と関係を持つのは、三洲擧母藩に限られる。

そして、吟香が、舉母藩の「儒官」になったというのは信じがたい。小大名に過ぎなかったものの、江戸家老・森宇左衛門を筆頭に、舉母藩の文化水準は極めて高かったのは、すでに述べた通りである。

この武勇傳で採るべきところは、二つある。その一つは、舉母藩における吟香の任務は、藩邸内外の「巡視」であったことである。もう一つは、吟香が舉母藩に採用されたのは、「萬延元年（一八六〇年）であったことである。

吟香の職掌が藩邸内外の巡視に過ぎないとすれば、舉母藩でのさむらい生活は、吟香にとっては少しも快適ではなかったにちがいない。『呉淞日記』慶應二年（一八六六年）二月二十一日の日記に、次のように記されている。

> 十年ばかりまへに、ふと大名につかまへられて、五・六年の間、さむらひのなかまにはひつて、いやでこたへられないから、いろいろとしてやうやくの事で、やしきをにげだして、かたなをうツちゃツてしまツてから、もうつめくそほども、さむらひになるりやうけんハないが、夢にハたびたび刀をさしてゐる處を見るが、わからないもんだ。實に、心にのぞまない事を見るからおかしい。上海に來てから、三度ばかりさむらひでゐる處をいめ（ママ）に見た。いやな事だ。

慶應二年（一八六六年）の十年前と言えば、安政三年（一八五六年）である。われわれは、この頃、吟香はまだ、大坂の藤沢東該塾にいて、二度目の江戸入りもしていないことを知っている。また、文久元年

（一八六一年）に、擧母藩につかまえられたとして、五年たつと、慶應二年（一八六六年）になってしまう。それが四年だとすると、元治元年（一八六五年）あたりになろうか。どうも、このへんの吟香の話は、文字通りには受け取れないものがある。

五　吟香の露天商

『乙丑日記』

『呉淞日記』第二冊に先行する、吟香自身の記録は、『乙丑日記』（『社會及び國家』二二七號、昭和十年、一九三五年、二月）である。

「乙丑」すなわち元治二年（一八六五年）一月二十九日の記事には、

　さるわか二、三丁の間、床店をこしらへる。かね、二分二朱。いたをかふ。

とある。つまり、この頃、吟香は、露店の経営者になっていたのである。かれは、一体、何を商っていたのであろうか。

この日記が一月の記事であることから、吟香の擧母藩致仕は、その前年（文久三年、一八六三年）にあったらしいことが推測されよう。

次に考えるべきは、吟香は、床店に何を陳列したかという問題である。この問題を解く鍵は、『呉淞日記』の慶應二年（一八六六年）の大晦日の日記に潜んでいると思われる。まず、

石井潭香先生、今夜きっと、大酔すべし。其はなしのうち、必一言のわがことにおよぶあるべし。

とある。

この日の日記には、江戸にいる十人以上の友人・知人が登場するが、「先生」を以て呼ばれているのは、石井潭香と安藤野雁の二人のみである。安藤についてはすでに、吟香の亡妻「うた」に関して述べておいた。石井潭香（文化三年、一八〇六年―明治三年、一八七〇年）は、書家であった。かれは、書道に熱中するあまり、長崎まで出かけて行き、清客・江芸客に師事して、中国風の書法を学んだ。

『呉淞日記』慶應二年（一八六六年）十二月十九日の記事に、

宋蟾容など此房子（へや）に来て、筆談した時、いろいろ書畫を出して見せるに、潭香の書ハ、だれもほめるなり。畫の方ハ、いずれをもかくべつにいはず。蟾容、しきりに潭香の書をほしがるから、四幅ともにやつてしまふ。

とある。

潭香は、中国人に学んだだけに、その書風は中国流であったのである。

また、文久二年（一八六二年）十月十五日付、津山の塘芳藏宛ての吟香の書簡には、

潭香、今日も参り、マクロと大根を煮て、大酔、可笑事に候。


とあり、潭香は、吟香にとり、古くからの友人であったことが知られる。

慶應二年（一八六六年）十二月十九日の日記には、潭香以外の人物（画家）に言及する。

蘇生ハ、「冬崖、花卉最妙」と書いた

この冬崖は、川上冬崖（文政十年、一八二七年―明治十四年、一八八〇年）であり、日本洋画の草分けで、あるのは言うまでもない。

そのほか、『呉淞日記』には、福島柳圃、山内林齋、目賀田芥庵、服部波山、島霞谷などの画家たちの名前も散見する。また、女流画家・小池紫雪の名前をも見ることができる。わが吟香は、一体どのようにして、これらの画家と知り合いになったのであろうか。

『呉淞日記』慶應二年（一八六六年）十二月二十日の条には、次のような記事がある。

此八月のはじめつかた、うへのの東漸院にて、からへいくからとて、人々にわかれた時に、格さんが封じた物を出して云く、これハ、送別のうた也。からへい〔ツ〕てから、あけなされ。決して日本の地にて、あけてくだされな、といふ。（中略）此かくさん、十幾年のともだちにて、かじばしの精渓先生の處にゐた時からのなじみだから、兄弟のやうにおもふてゐる。此人のおやハ、田崎草雲なり。はじめ、梅谿といふた人也。

ここにある通り、田崎格太郎は、田崎草雲（文化十四年、一八一七年―明治三十一年、一八九八年）の一人息子であった。だから、この格太郎を通じて、画家・草雲と知り合いになったにちがいない。草雲は、明治になってからは、帝室技芸員になったほどの著名人であるが、まだ幕末には、売れない画家のひとりに過ぎなかった。

わたくしは、吟香は、この草雲を通じて、多くの書家や画家と知己になったにちがいない、と考えている。また、これらの書家や画家にしても、草雲と同様、日々の生活に追われていたにちがいない。そこに登場したのが、わが吟香の露天商であり、この出会いは、吟香にとっても、書家や画家にとっても、好都合であったのではないか。

六　北里開業

吟香の「床店」は、かれが想像した以上の繁昌を見たようである。『乙丑日記』には、「吟香獨酌」と書いた扁額の下で、髷を整えて酒盃を傾ける吟香の自画像が描かれている。

それればかりではない。吟香には、他の分野に資金を振り向ける余裕があったようである。『乙丑日記』は、元治二年（一八六四年）一月元日から二月五日までの日記に過ぎない。だが、この日記には、「吉田さん」が頻出する（四日、六日、八日、十一日、十九日、二十日）。この人物が「さん」づけにされているのは、かれが、吟香よりも数歳年長であるからである。また、かれと吟香とは、ただの関係ではなさそうである。

一月六日の記事には、

吉田さん来る。吉原へい〔ツ〕て、地面を見る。

また、二十日の記事には、

むかふ嶋へ行。吉田さんと、竹屋渡よりわたり、隅田川といふ混堂に入り、つひに相共に、我宅に来りて、茶を吃す（自注　夜に至りて、方邨兄又来。北里の事決ス）。

さらに、二十五日の記事には、

午後、よし原へ行。家を見る。

とある。

これらの記事を通覧すると、吟香は、「吉田さん」と、吉原で遊郭を開業しようとしていたことが知られる。吟香の書画の取引は、店舗を持たない、「床店」に過ぎなかったが、それなりに繁昌していた様子がうかがわれる。また、「吉田さん」と「方邨兄」とは同一人物であるようだ。

ここで、吟香がどのようにして、「吉田さん」と知り合いになったのかを考えておくことにする。『乙丑日記』の日付をさかのぼると、元治二年（一八六五年）一月八日の日記に、

昨夜、季六さんにたのまれ、清水卯三郎・常吉をつれて、向嶋の吉田さん處へ行。吉田さん、るす。失望、失望。魚十にて酒をのむ。かへりてみれば、吉田さん来て、寝ている。季六さんもゐる。晩に出て行く。

とある。

これによって、「吉田さん」は、清水卯三郎とも関係がある人物であるらしい。つまり、吟香は、清水卯三郎を介して、「吉田さん」と知り合いになったようである。なお、文中の「季六さん」は、卯三郎の実弟である。

ここで少し回り道になるが、清水卯三郎について、簡単な紹介をしておこう。

清水卯三郎（文政十二年、一八二九年―明治四十三年、一九一〇年）は、武州羽生の出身であり、かれには、『わがよのき』（明治三十二年、一八九九年、成書）という自伝がある。それによれば、卯三郎の父は、弥右衛門といい、土地の素封家であり、名主をもつとめた。また、その祖父は、武州下奈良村の吉田宗敏の姉を妻に迎えている。この下奈良村の吉田家は、武州四方寺村の吉田本家からの分家である。つまり、清水家と吉田家とは、縁続きであるのである。

かつて、熊谷市下奈良の集福寺の吉田家墓地には、「吉田六三郎君墓表」があった（現存せず）。それには、次のように記されている。

君諱宗悌、吉田氏、號方邨、六三郎、其通称。

この人物こそ、吟香の『乙丑日記』に出る、「方邨兄」であると思われる。蛇足ながら、かれは、四方寺村の出身であるので、「方邨」をその號としたものと思われる。かれは、幕末、武州四方寺村を離れて、江戸向嶋に住んでいたらしい。墓表に依れば、方邨の生没年は、天保元年（一八三〇年）―明治十四年

（一八八一年）である。天保四年（一八三三年）生まれの吟香に長ずること、三歳である。

なお、吟香が清水卯三郎と、どこで知り合いになったかについては、後に論ずることにする。


吟香と吉田方郁の吉原での商売は、どうなったであろうか。

『呉淞日記』慶應二年十二月二十六日の条には、

　さきのおとどしの今夜で有ツたか、深川へひきこして、かりたくでとしを取った。


　慶應二年（一八六六年）を起点にして、「さきおととし」と言えば、文久三年（一八六三年）ということになる。だが、吟香の遊郭開業の記録は、『乙丑日記』（乙丑は、元治二年、一八六五年の干支である。四月七日に、慶應と改元）に書かれていたのである。傳記作者としては、原史料を採用せざるを得ない。また、吉原から深川への引っ越しは、『呉淞日記』の十二月二十六日の記事を採用するしかない。つまり、吟香の水商売は、元治二年（乙丑、一八六五年）の夏ごろに開始され、その年の年末には、終了せざるを得なかったのである。

　因みに、「かりたく」とは、遊郭が火災にあった時、お上により、臨時営業が許された場所のことであった。

『呉淞日記』慶應二年（一八六六年）十二月二十九日の条には、次のように書かれている。

> 四五年まへに、そのだいミやうのやしきをにげだして（中略）から間もなく、女郎屋の主人に成ツて、少しの間ゐるうち、やけてしまふ。あとをこしらへるもめんだうだからやめて、また、ままよときめたが、実に妙なり。

慶應二年（一八六六年）の四年前は、文久二年（一八六二年）である。このあたりの吟香の記述はあまりに錯綜していて、とても付き合い切れない。わたくしとしては、やはり、『乙丑日記』の記述に従うしかない。

また、吟香は、「あとをこしらへるのもめんだうだ」などと強がりを言っているが、女郎屋の再建には、多額の資金が必要であるのは言うまでもない。吟香は、その金の算段がつかなかったのではなかろうか。

七　ヘボン館に入る

ここに至って、吟香は、かつての友達を訪ねるしかなかったのではあるまいか。先にふれた、清水卯三郎の『わがよのき』には、

> その頃、岸田吟香は、漢（カラ）学び・和（ヤマト）学びとも学べる人にて、（中略）ふと、学びごとを打ち棄て、小道具・書畫などをひさぎて生業（スギワイ）とせり。ある日、わが家を訪れ、「金二円五十銭を貸してよ。少しもうくる

ことあり」と言う。こは、よき折なりと思い、「さて、岸田氏よ。君は、かかる僅かの商いを営まず、捨てて日本言葉の教師になりては如何に。一つは、國の為、又一つは君のため也」と問えば、否とも言わず、只帰りたり。二日ばかり經て、又来たりて、「今は、君の勸（スス）めに従はん」と言う。「されば、いざなわん」とて、翌くる日、横濱に伴ない、ヘボン氏に引合せ、教師と定めり。初めのヘボン辞書は、この人の力なり。

とある。

残念なことは、清水卯三郎が、吟香をヘボンに引き合わせたのが、いつであったのかを欠いていることである。

だが、幸いなことに、圓地與志松氏が採集した、「横濱異聞」（一）（『社會及國家』第一八二號、昭和六年、一九三一年、五月號）には、次の記事を見ることができる。

〔慶應二年、一八六六年〕丙寅八月二十九日夜、又此本ヲアケテ見テ、書付ル。其文ニ曰、去年の四月下旬に来てから、つづけて今までゐる。來月十日に、蒸氣船に乘〔ツ〕て支那の上海に行く。來年の三月ごろにかへるであらう。

これを要するに、吟香は、慶應元年（一八六五年）四月に、ヘボン館に入っていたのである。

第四章　上海の吟香

一　『呉淞日記』の諸冊について

岸田吟香が残した遺稿のうち、その分量が最大のものは、『呉淞日記』である。日記は全部で、もともと六冊あったのだが、圓地與志松氏が見ることができたのは、四冊のみであった。すなわち、第一冊と第四冊が欠本になっていたのである。かえすがえすも残念なのは、第一冊の欠本である。この冊には、慶應二年（一八六六年）四月八日、商用での海外渡航が解禁になって（鈴木大編『明治前紀』）はじめて、外国に出かけたひとの興奮や息づかいが記されていたであろうからである。

圓地氏は、『社會及國家』第一八五号（昭和六年、一九三一年、八月號）に、「岸田吟香の『からつと』について」と題する一文を寄せている。これに続いて、「からつと」「第二之冊」の上編が第一八五号に、中編が第一八八号（昭和六年十一月號）に、そして、下篇が第一九〇號（昭和七年、一九三二年、一月號）に掲載された。そして、下篇には、付記があり、

岸田吟香の「からつと」は、まだ数冊あるのであるが、本號を以て一先づ打切ることと致します。來春になつて、適當な時期を見て、また改めて後の部分を掲載する者であります。――一九三一、一一――

（圓地記）

と記されている。

以下、「第三之冊」の上・中・下巻は、第一九〇號（昭和七年、一九三二年、二月號）から一九三號（同

年、四月號）まで掲載される。
「第四之冊」は、もともと、欠本になっているが、「第五之冊」は、第一九七號（昭和七年一九三二年、八月號）から第一九九號（同年十月號）まで、「上」「中」「下」の三冊が連続して、掲載されている。
そして、「第六之冊完」は、第二〇〇号（昭和七年、一九三二年、十一月號）に載せられているが、この號の冒頭において、圓地氏は、「呉淞日記第六之冊について」と題して、次のように記している。

この第六之冊は、四月初一日から始まつて、初四日までしかない。それから白紙が七十六枚ある。これは、裏表紙を入れない本文の白紙である。だから、第六之冊は、未だづつと書き続けるつもりであつたに違ひないが、日本に帰る日が近づいたので、その準備に忙しく、遂ひ（ママ）日記をつけることを放擲したものと思はれる。

これによれば、圓地氏は、『呉淞日記』は、途中で書くのを放擲された、未完成の日記だと判断したのである。

二　『呉淞日記』は、原稿本にあらず

山口豊は、『岸田吟香「呉淞日記」影印と翻刻』を刊行した（武蔵野書院、二〇一〇年）。この本には、

圓地氏によって翻刻された、第三巻と第五・六巻が影印されている。だが、圓地氏が見ることができた、第二巻はすでに、山口が影印した時にはすでに、亡逸してしまっていたらしいが、影印本を読んでみて、気が付いたことがある。それは、『呉淞日記』は、圓地氏が考えたような原稿本ではなくて、完全な清書本であることである。何となれば、影印本には、書き込みや訂正がまったく見られないからである。さらに、後日の追記の部分は、二字落としになっている。つまり、この本は、吟香が日本に帰国後、上海で書いた原稿を清書したものであるのだが、何かの事情で、清書の完了を放擲したものと思われるのである。

わたくしが、そのように推量するのは、圓地本第六冊は、四月一日から始まって四日で途切れてしまっている（表紙を含めて、三〇枚ある）が、その外に、「白紙が七十六枚あった」という事実である。つまり、第六冊には、原稿段階で、一〇七枚分の記事があったからこそ、清書本にも、それだけの枚数の白紙を準備しておかなくてはならなかったにちがいない。

もう一つ、想像をたくましくすれば、原稿と清書の間には、或る程度の推敲がなされた可能性がある。それは一つには、文章を整えるため、もう一つには、自分にとって耐えがたい事実は削除することである。もっとも、この後段の部分については、後に考察することにする。

なお、吟香の上海日記を、これまで『呉淞日記』と呼んできたが、圓地與志松氏が掲げる第二冊の冒頭部分の写真では、表紙の中央に、変体仮名の細字で、「からつと」と書かれている。従って、清書された段階では、この資料の正式な題名は、「からつと」だったのであろう。表紙の左下には、仮名で「ままよ」の署名があり（吟香は、「ままよの銀」と自称したことがある）、さらにその下には、書き判で、「東洋書生」

「吟香」と記してある。「東洋」とは、「日本」を意味する中国語であるから、「東洋書生」は、上海における吟香の自称であったのであろう。

表紙に続く扉には、中央に「呉淞日記」の五字が大書され、その右手には「墨江岸櫻著」、その左手には「第二之冊」と書かれている。

圓地氏は、続いて、三枚の吟香自筆の挿絵を載せている。一枚目は、大きな寝台が置かれた、ひろびろとした室内の風景である。部屋の壁には、竹の絵が掛けてあるが、それには、「吟香先生寓館房子内之圖」の十一字が書かれている。二枚目は、吟香が和服を着て、椅子に腰をかけて、窓外の風景を見ているところである。これには、「臘月（十二月）十五夕、歸從滬城、月色凄涼、客懷孤寂、因移椅於窗下、煎茶自嘗、思詩不成、乃作此圖　岸櫻」という賛がある。よく見ると、大きな窓ガラスの向こうに、満月がかかっている。三枚目は、窓外の風景である。屋根に三本の煙突がある洋館、それに、隣家の敷地に植えられた竹と生垣が描かれている。賛には、「是我寓居窗前之圖也。丙寅臘月十五日寫之畢。時月影落硯池。冷甚呵筆題。岸國華」と書かれている。「呵」とは、「息をふきかける」という意味である。

なお、吟香が、上海から帰国した後、横濱でものした日記（慶應三年、一八六七年、九月十五日から十月八日に至る）も、「はまつと」と題されている（『社會及國家』二一七號、昭和九年、一九三四年、四月號）から、『からつと』という書名は、當時の吟香の嗜好を反映していると思われる。とは言え、「からつと」の「から」とは、中国全体を指す古語であるが、吟香が実際に滞在していたのは、上海の呉淞江（一名蘇州河）の河口近くの左岸であったのだから、「から」よりは、「呉淞」の方が事実に符合する。従って、拙稿においては、表紙に書かれた『からつと』ではなく、扉の『呉淞日記』の方を採用することにする。

三　吟香の横濱出発と上海到着

さて、『呉淞日記』の第一冊が失われてしまっているので、吟香がいつ横濱を出発したのかを正確に知ることはできない。もっとも、吟香は、「横濱異聞　二」（『社會及國家』一八二號、昭和六年、一九三一年、五月號）において、「丙寅二年（一八六六年）八月二十九日」の記事の末尾に、「來月十日に、蒸気船に乘〔ツ〕て、支那の上海に行く。來年の三月頃にかへるであらう」と書いているので、吟香の横濱出発は、陰暦九月十日であったのを知ることができる。

それが正確であったことは、『續通信全覧』巻三〇（雄松堂、一九八七年）所収の「米国商人セシへホン雇小使上海行免許一件　丙寅（慶應二年、一八六六年）九月」という文書によって確認することができる。

米国商人セシへホン小使之儀、去月廿六日御下知之通り、私共證書相濟、支那上海迄立歸の積りを以差遣し、昨十日同國商船江乗組、出帆仕候。依此、是段申上候。

九月十一日　水野若狭守

ここに書かれた、「セシヘホン」が、「G・C・HEPBURN」その人であることに疑いはない。われわれにとって残念なのは、全六冊もの大著『呉淞日記』をものした、わが岸田吟香が「小使」の二字で片づけられてしまって、その姓名さえもが記されていないことである。ここで、われわれが、記憶しておかなくてはならないことは、吟香の出国条件には「支那上海迄立歸り」という一項が付いていたことである。このことについては、後に論じなくてはならない。

では、横濱を九月十日に出港した、ヘボン一行は、いつ上海に到着したのであろうか。

當時、上海で発行されていた週刊の英字紙『ザ・ノース・チャイナ・ヘラルド』の一八六六年十月二十七日號の、「出入港船舶情報欄」によれば、上海に同月二十三日（和暦九月十五日）に入港した、イギリス国籍のP&O会社の汽船「カディス号」（四八一トン）の乗客名簿に、ヘップバーン夫妻の名前を見ることができる。もちろん、小使（英語では「ボーイ」）扱いの吟香の名前は見る由もないが、横濱から上海までの船旅は、六日を要したのである。

吟香は、「はまつと」（『社會及國家』二二七号、昭和九年、一九三四年、五月号）の冒頭に、

慶應三年（一八六七年）九月十五日

去年のけふ、支那へ着船して、上海へ上陸して、ひるから演戯を見たつけ。はやいもんだ。モウ一年になる。ことしも支那へでもいきたいもんだ。此四月の末に、日本へかへつてから、なに

もせずにぐずぐずして、江戸へい〔ツ〕たり、はまへきたり、なにかかねでももうかる事ハない
かないかと欲張〔ツ〕てかけまわってみても、格別おもしろい事もなし。

と書いている。

さて、吟香は、上海の市街を西から東に流れて、主流の黄浦江にそそぐ、呉淞江の左岸（アメリカ租界）に住むことになる。そこは、ヘボンの所属するアメリカ長老派教会ではない、アメリカ監督派教会の宿舎であった。宿舎の責任者は、中国名「湯先生」で知られている、アメリカ人E・H・THOMSONであった（『ザ・チャイナ・デイレクトリ』、一八六七年版「ミッショナリ」の項）。吟香自身、慶應三年（一八六七年）三月十七日の日記に、ある骨董店で、「どこにお住まいですか」と聞かれて、「虹口　湯先生の家に」と答えているほどである。

少し先走りになるが、ヘボンは、アメリカの長老派教會傳道會社の主事から、辞典の出版についての同意を得られなかった。だから、監督派教会の友人に、宿舎の提供を申し入れたのである。

いささか注釈を加えるならば、ヘボンが執筆した辞書は、吟香によって、『和英語林集成』と名付けられたのであるが、この書名については、一考を要する。われわれが英語を学ぶ際には、誰でも英和辞典を用いてきたが、ヘボンが編集・執筆したのは、和英辞典であった（巻末に、英和を付け加えてはいたが）。ということは、ヘボンは、日本語を学ぶ、英米の宣教師のために、この辞典を編纂したのである。ヘボンは、日本語ができる宣教師をたくさん養成すること、これこそがキリスト教傳道の最良の手段であると信

じていたのである。一方、アメリカの長老派教會傳道會社は、そんなことをしなくてもよい、と考えていたのである。そのため、ヘボンは、辞書の出版費用の捻出を始めとして、アメリカの本部からは、十分な援助を受けられなかったのである。

さて、『呉淞日記』第二冊冒頭の吟香自筆の挿絵によると、吟香が住んでいたのは、大きなガラス窓が四枚入った、広々とした部屋であることがわかる。後日、この部屋を訪問した、画家・高橋由一は、「大名の部屋みたいだ」と感心したほどの広さがあった。

四　吟香の寧波往復

吟香が上海に到着した、慶應二年（一八六六年）九月十五日から、第二の冊が書かれる、同年十二月一日までの二ヶ月半、吟香が何をしていたのかを知る資料はそれほど多くはない。

ただ、これまでのどの吟香傳も触れていないことだが、この二ヶ月半のあいだに、吟香は（もちろんヘボンも）、上海・寧波間を往復している。

ヘボンは、上海への出発以前、寧波在住の宣教師・マッカーティーが著わした、キリスト教入門書「真理易知」を日本語に翻訳しており、その上海での印刷も計画していたので、かれに会う必要があったのである。

吟香が寧波に行ったことは、慶應三年（一八六七年）一月二十七日の日記の追記に、「川路〔太郎〕等のそのまへに、箕作秋坪もきたけれども、寧波へい〔ツ〕たるすであはなかつた」と書いている。

箕作秋坪は、遣露使節・小出秀實（大和守）の随行員として、上海を通過したのであった。『ザ・ノース・チャイナ・ヘラルド』一八六六年十一月二十四日號所載の船客名簿によれば、小出一行は、陽暦十一月十八日（陰暦十月十二日）に横濱を出港し、陽暦十一月二十三日（陰暦十月十七日）に上海に到着している。これによれば、吟香は、この年の陰暦十月中旬に寧波を往復していたことが推測される。

『呉淞日記』には、もう一か所、寧波に言及したところがある。日にちは前後するが、慶應二年（一八六六年）十二月二十二日の日記には、

かねさへあれば、いろいろ畫畫古玩、かひたいものおほし。先達て、寧波にて見た品などハ、ずいぶんよいもの斗也。

とある。

吟香は、寧波に行っても、上海同様、書画骨董店をのぞいていたことが知られる。

五　吟香が上海で出会った日本人

その一　八戸弘光

『呉淞日記』に最も頻繁に登場する人物は、「弘光」という日本人である。何しろ、日記の中には、合計四〇回以上もその名が登場する。「弘光」こそは、上海滞在中の吟香にとって、最もなじみのある人物なのであった。

まず、慶應二年（一八六七年）十二月一日、即ち、『呉淞日記』の巻二の冒頭にすでに、その名がみえている（巻一は、すでに欠本になっている）。

> 朔日　てんきよし。礼拝日（日曜日）なり。ぶらぶらあそびあるく。京琼行(ママ)へい〔ツ〕てきいたら、「弘光は正月でなければ、香港からかへらない」といふ。友人がなくてさむ(ママ)しいからこまつたもんだ。

まず、吟香が友人を訪ねて行った先は、圓地本では、「京」と「琼」の字が連続して書かれているが、前におかれた「京」は不要である。また、「行」は、あるいは、吟香の誤記であるかもしれないが、正確には「記」とあるべきである。というのは、同年十二月十五日の記事には、「かえりがけに琼記によりてきけば、弘光とほからずかへるといふ」と書いてあり、以後の記述も、例外なく、そうなっているからである。

実をいうと、「琼」の正字は、「瓊」と書くべきであり、吟香がこの字の旁（つくり）を「京」と書いているのは、同音を借用した略字であるからである。また、「記」は、中国の商店・商社の屋号の下につける、一種の接尾語なのである。吟香と「瓊記」の社員との問答から、「瓊記」は、香港と取引がある商社であることが知られる。つまり、弘光は当時、瓊記の社員なのであって、社用で香港に出張していたことが知られるのである。

吟香は、慶應二年（一八六六年）十二月二十二日にも瓊記を訪問して、「弘光がいつ上海に戻ってくるか」を尋ねてみたのだが、「明年二月にあらざればかへらず」と言われてしまっている。

さて、吟香が待ちかねた弘光は、二月を待たずに、慶應三年一月十日（陽暦一八六七年二月十四日）に吟香を訪ねてくれている。この日、吟香が横濱在住の友人たちに手紙をかきかけていると、

弘光「ほんこんからかえりました」といふてくる。久しぶりでいろいろ咄をする。「けさは、いそがしいからまたくる」とて、かへる。

なお、当時、上海で発行されていた週刊英字紙『ザ・ノース・チャイナ・ヘラルド』の一八六七年二月十六日号には、「出入港船舶情報」が載せられているが、二月十四日に香港から入港した船舶は、SUWO-NADA號（千八百二トン）一隻があるのみである。そして、その荷受人は、「AUGUSTINE HEARD AND CO.」となっている。

『ザ・チャイナ・ディレクトリ』（一八六七年版）の「商人」欄には、この会社の中国名は、アメリカ人経営の「瓊記」となっている。従って、弘光が香港から乗ってきたのは、この会社の船であるのにちがいないが、その積荷は、「阿片等」となっている。

さて、弘光は、翌一月十一日にも吟香を訪ねている。

弘光きたる。くつをかへし、また糖菓をくれる。香港の新聞紙、六枚かしてくれる。

これにより、弘光と吟香とは、靴の貸し借りをするほどの親友であったことが知られる。また、弘光が香港の新聞紙を吟香に貸していることも注目される。

ところで、この新聞は、英語で書かれていただろうか。それとも、漢字（中国語）で書かれていたのだろうか。『呉淞日記』の記事だけからは、そのいずれとも判断することは困難である。いま、『ザ・チャイナ・ディレクトリ』（『中国商工名鑑』）の一八六七年版を見ると、香港の「印刷・新聞社」の項には、THE DAILY PRESS 社が登載されており、この会社のみが、英字紙（日刊）と並んで漢字紙（週三回刊）を発行している。一方、上海には当時、『ザ・ノース・チャイナ・ヘラルド』等の英字紙があったから、弘光が吟香に与えた新聞紙は、英字新聞ならば、香港からの土産にはなりにくい。だから、弘光が貸した六枚の新聞は、漢字紙であった可能性が高い。

また、『ザ・チャイナ・ディレクトリ』一八六七年版の「上海」の項には、「Heard & Co.,Augustine,The Bund」が登載されており、冒頭には「瓊記　King-kee」という中国名とその発音をも見ることができる。だから、当時の上海では、この会社は、日本語の「きんき」に近く発音されていたのを知ることができる。そして、その所在地は、「THE BUND」（上海租界の黄浦江西岸沿いの商社・銀行・新聞社などが軒を連ねる繁華街)」であることから、「瓊記」が、當時一流の商社であったことが知られる。

なお、『ザ・チャイナ・ディレクトリ』一八六七年版によれば、ハード商会の本社は香港にあり、上海以外に、広東・福州・九江・漢口にも支店があったことが知られる。なお、上海支店には、合計十人の社員の名前が登載されているが、弘光の名前はないから、かれは、非常勤の社員であったらしい。

以上を要するに、弘光は、アメリカの商社・ハード商会（中国名「瓊記」）の社員であり、香港から上海へ輸送する積荷の監督をするために香港に行っていたらしい。付言するならば、ハード商会は、日本の横浜にも支店を持っていた。ということは、弘光は、ハード商会の横浜支店の社員であった可能性もあるのだが、横浜支店の名簿には、かれの名前を見ることはできない。

とは言うものの、『呉淞日記』には、「弘光」が頻出する。弘光が、香港へ向けて、次に上海を離れるのは、慶應三年（一八六七年）三月二十二日である（『呉淞日記』及び高橋由一『上海日誌』）。

『呉淞日記』によれば、弘光は、意外なことに、アメリカに滞在していたことがある。

慶應三年（一八六七年）一月十六日の条には、次のように記されている。この日は、パリ万博に参加する、徳川慶喜の実弟・昭武及びその随員等が、フランス船籍の「アルフェー號」で、上海に到着した翌日の日記でもある。

あすと〔ル〕はうすで、めしをくふ時、見れば、日本人が二十人ばかりも一ツ臺にあつま〔ツ〕て、外国人の器具でくふてゐたが、ミなおかしな手つきで、ほうてうを持〔ツ〕て、肉を切〔ツ〕たり、さじですくふたりして、くふてゐる。なんだか、甚さわがしく、がやがやしやぶりたてて、まことにぎやうぎのわるきやうす也。米のめしをむやみとほしがりて、「おれにハこんな物ハくへない」の、いや、「茶を持〔ツ〕てこい」の、といふてゐる人もあり（中略）、なにぶん、いやしさうに見えて悪るし。西洋の人にわらわれさうなる也。日本にても、おがさはら礼といふ事もあり、茶のゆの礼といふ事もありて、そのてつづきをミ習ふ事なり。西洋飲食の礼も、やはりはじめハ、ならふがよし。弘光ハ、ひさしくあめりかにゐて、此事をよく知ツてゐる也。

吟香は、美作の貧農の家に生まれはしたが、母親からは、ちゃんと「おがさはら礼」を仕込まれていたのである。それはさておき、吟香の記載のうち、「弘光ハ、ひさしくあめりかにゐたことがある」というのは、見逃すことができない文字である。なお、これらの文字は、本文よりも二字落として書いてあるので、原稿を清書した時の付記であるにちがいない。

それよりも、三日前の、慶應三年（一八六七年）一月十三日の日記には、吟香は、弘光と一緒に、上海城内の「茶亭」でおしゃべりを楽しんだ。その日の記事の後に、本文とは二字落としで、次のように記されている。

支那の酒楼・茶亭、とかく不潔なるがおほし。ただ、支那の飲食店にてよい事ハ、飲食のなかばなどに、面盆に熱水をいれて、手巾を添て持〔ツ〕て来るなり。けふも、かの樓にて、かなだらひにゆを入れて、てぬぐひをそへても〔ツ〕てきたりしに、弘光云、「手巾などつよくしぼるまじき事なり。さやうのちからわざをすれバ、手がこわくなる」といふから、おかしくおもふて、「女のやうな事をいふ」とわらへバ、弘光云、「西洋のひとにつきやふに（ママ）、あふた時ハ、必手をにぎるが礼也。手の皮こわけれバ、下賤のものなりとおもはれるなり。あめりかの王、その外、處々の高貴の人と交ツて見るに、その手のやわらかなること、わたのごとし」といふ。

これによれば、弘光は、「アメリカの王」、つまり、大統領と握手した経験があるのである。萬延元年（一八六〇年）の遣米使節以外に、個人で大統領と握手したひとなど、ほとんど想像することもできない。弘光は、本当に、アメリカで大統領やその他の高貴な人物と交際したことがあるのだろうか。

さらに、慶應三年（一八六七年）三月八日の日記には、

夜になると、うらの方の田の中に、「ぐーぐー、があがあ」となく事、随分いなかめきてゐるなり。おいらの故郷ハいなかだから、蛙にハ不自由ハないが、しかし、だれもかへるを食ふ者ハない。けれども、支那の人ハ、蛙をくふさうだ。弘光のはなしだが、廣東で、あるひとの處へよばれてい〔ツ〕たら、そのごちそうのうちに、蛙の料理をしたのがあ〔ツ〕たといふ。くふたかどうだかしらん。

とあり、弘光は、広東にも滞在していたことがある、と記している。もっとも、さすがの吟香も、蛙料理

に関しては「くふたかどうだかしらん」と半信半疑である。

以上の二件は、『呉淞日記』中のささいな記録であるが、吟香が、上海で出会った弘光の経歴を知る上で、見逃すことはできない。

では、幕末、アメリカの大統領と握手したり、また、広東で蛙料理を賞味したことがある、日本人「弘光」とは、何の誰兵衛であったのだろうか。

思いがけないところで、この疑問は、氷解することができた。

明治十二年（一八七九年）、日本の文人たちに招待されて来日した、王韜（一八二八年―一八九七年）には、「日本八戸宏光の金陵に遊ぶを送るの序」という一篇（『弢園（王韜の號）文新編』所収、北京三聯書店、一九九八年）がある。いま、これを摘録すると、

日本八戸宏光は、余の海外の文字の交わりなり。宏光、八戸を姓とし、順叔を字とす。日本國都・江戸の人たり。祖若しくは父、皆朝に位ありて、固より東瀛（日本）の貴胄なり。曽（かつて）歐州諸國を遍歴して、その文字語言を習う。羊城（広州）に遊ぶに及びては、公卿大夫皆節を折り、ともに交わる。

今春、余に別れて、春申浦上（上海）に之く。月杪、郵書もて余に告げ、まさにその國東の諸侯の數陪臣と、往きて、江寧（南京）に遊ばんとし、特に一言を索め、以てその行を壯にせんとす。（中略）江寧の寓公、李壬叔（善蘭）張嘯山（文虎）、魏槃仲（彦）、湯衣谷（裕）、皆余の友なり。並びに

天下の奇士なり。湘郷（湖南省出身）の節相（曽國藩）、これを幕府に致し、各々その長ずるところを盡すを得しむ。順叔、なんぞ往きてこれを見ざるや。

一見したところ、吟香は、「弘光」と記し、王韜は、「宏光」と書いているので、別人であるかのような印象を受ける。だが、清朝では、第三代の乾隆皇帝の名前が「弘暦」であったので、不敬を避けるために、「弘」の字を避けて、「宏」と書く習慣になっていたのである。

付言するなら、王韜は、蘇州の出身ながら、上海で墨海書院というイギリス人が経営する、キリスト教系の出版社に勤めていたことがある。この会社では、王韜は、英語ができるだけでなく、その上、漢文（中国の文語文）も書けるので、かれを重用したのである。後に、王韜は、清朝のお尋ね者になり、しばらく上海のイギリス領事館にかくまわれていたが、イギリスのジャーディン・マジソン商会の船に乗って、香港に亡命したのである。王韜が、弘光のために、金陵旅行の壮行の序文をものした一八六七年一月當時、かれは、香港の英華書館という学校兼出版社で活躍していたのである。

それはさておき、王韜の文章によって、弘光が、流暢に英語を話し、かつ、漢文の素養もある日本人であることが判った。もっとも、弘光が王韜に対して行った自己紹介には、不審な点がなくもない。それは、かれが、八戸という姓であり、祖父や父が江戸幕府の高官（旗本）であったと語っている点である。何となれば、江戸幕府の旗本には、八戸という姓は存在しないからである（『江戸幕府　旗本人名事典』、小川恭一編、原書房、一九九〇年）。

「八戸」は、おそらく「やと」と読ませるのであろうが、横濱について学んだことがあるひとなら誰でも、外国人居留地の周囲には、掘割がめぐらされており、最も下流の橋が「谷戸橋」であることを知っている。つまり、「八戸」は、その実、「横濱」のもじりであるのである。

また、日本の、鎖国時代には、アメリカに個人で旅行をし、大統領に謁見することなどは、ほとんど不可能である。しかし、そういうことが、まったく不可能であるかと言えば、そうも断言できない。それは、日本人の漂流者が何かの偶然で、その機会を得たということがないでもないからである。よく考えてみると、日本には、その機会をつかんだ人物が実在したのである。

それは、アメリカ名ジョセフ・ヒコと名乗った、日本人・浜田彦藏（一八三六年―一八八七年）である。かれは、嘉永三年（一八五〇年）十月、江戸見物の帰途、漂流の憂き目にあった。當時は、現在とはちがって、数え年で年齢を数えたから、かれはすでに、十五歳の青年になっていた。侍で言うならば、元服の年齢に達していたのである。

かれの英文による自傳の原題は、『ある日本人の物語』なのであるが、現在では、『アメリカ彦藏自傳』の書名で通行している。自傳によれば、かれは、少年時代、十五歳になるまで寺子屋に通っていて、母親は、将来、神戸の商家に奉公に出そうと思っていた。つまり、かれには、商業の中心地・神戸の商店で働くことができるだけの読み・書きの能力があったのである。

かれは、紆余曲折の末に、安政六年（一八五九年）、開国したばかりの、横浜の米国領事館の通訳の身分で帰国する。そして、文久三年（一八六三年）、かれは横浜で、最初の漂流記を出版したが、その序文では、漂流した時の年齢は「十三歳」となっている。この漂流記は、木版であったのだが、木版では、「五」が「三」と誤刻されることが少なくない。しかし、すでに記したように、かれは、天保七年（一八三六年）の生まれなのだから、漂流した嘉永三年（一八五〇年）には、数えで十五歳になっていたのは確かなのである。

この漂流記には、漂流したその日から、アメリカの捕鯨船に救助されるまでの毎日の生活が、克明に記されている。その記述の詳細さから推すならば、記憶のままに記すことはほとんど不可能である。それが可能であったのは、漂流した時、かれは、日々の出来事を、ちゃんと日記に書いておいたからにちがいない。このように、かれが、他のどの漂流者よりも、知的水準が高かったからこそ、漂流者を保護するアメリカ人の税関長・サンダース氏に好遇され、ついには、ニューヨーク近辺の学校にまで入れてもらえたのである。

かれが、初代の神奈川駐在米国領事ドールの通訳として、日本に戻って来るのは、安政六年（一八五九年）である。その時、かれは、二十四歳の立派な青年になっていた。また、かれらが、香港から乗ってきたのは、ハード商会（瓊記）の持ち船であったのである。

『ある日本人の物語』によれば、ジョセフ・ヒコの大統領との面会に関して言えば、ピアースが最初で、二度目の面会は、ブキャナンであった。そして、三度目（帰国後、再度のアメリカ訪問時）の面会は、リンカーンであった。後に、リンカーンが暗殺された時（一八六五年）には、ジョセフ・ヒコは、面会の仲介者である上院議員シュワードに、弔辞を送っている。以上を要するに、浜田彦藏こと弘光は、確かにアメリカの大統領に会ったことがあるのである。

次に、考察すべきは、かれの漢文に関する力量である。ほとんどの研究者は、十三（その実、十五）歳で漂流した漁師の子供が、漢文を読解できたはずがない、という先入観を持っている。しかし、かれは、帰国後まもなく、横濱で、元佐倉藩の蘭医・佐藤泰然の子・桃三郎（後の外務大臣・林董）をあずかって、英語を教え始めている。かれは、アメリカで学校教育を受けたことがあるから、アメリカの知識人は、実生活とは無縁な、ギリシャ語・ラテン語を学んでおり、それが、「紳士」であることの必須の教養であることを知っていたはずである。また、領事館の通訳としても、候文で書かれた、幕府からの書類を読解したり、また、幕府に対して提出する書類を書かねばならなかったから、漢文の知識の必要性を痛感していたにちがいない。神奈川駐在の領事館の職員は、ただ英語ができるだけでは務まらなかったのである。一方、佐藤泰然は、子供の教育料を支払う見返りに、向学心に燃える、元日本人の教育に情熱を燃やしたとしても不思議ではない。

弘光が、高度の漢文能力の持ち主であったことは、吟香の『呉淞日記』慶應三年（一八六七年）一月十三日の記事からもうかがうことができる。

弘光と老北門外へいいて、例の古董鋪へたちよりて、いろいろひやかす。弘光、ここにて『宣和博古圖録』一帙を買ふ。それより、瓊記にたちよりて、弘光所藏の字（書）畫を見る。ミなよい物なり。うちへかへりて、ひとりまどのもとにぼんやりしてゐると、弘光、さんぴん（シャンパン）のこく（ママ）よいのを一壜さげてきてくれる。はなはだうれしくて、（中略）けふハ、まことに春來第一番のわらひを發したりと、吟香先生おぼしめす。

弘光は、江戸で書画の露天商をしていた吟香の目から見ても、「よい物（書画）」を所蔵していたのである。それだけではない、弘光は、上海の骨董店で、『宣和博古圖録』一帙をあっさりと買ってのけたのである。手許不如意の吟香とはちがって、アメリカのハード商会の社員・弘光のふところは、かなりに潤沢であったのである。

『中國善本書提要』（王重民、上海古籍出版社、一九八三年）によれば、『宣和博古圖録』は、北宋の王黼（おうほ）（一〇七九年―一一二六年）の著。明の萬曆年間（一五七三年―一六二〇年）の刻本には、三〇冊本と十六冊本の二種類がある。内容は、殷・周代をはじめとして、中國歴代の古器物の形態摸写とそこに彫り込まれた文章の紹介・讀解である。日本で言うならば、松平定信が編纂を命じた、『集古十種』に類似する、学問的なレベルの高い書物である。だから、ただの漢文愛好家が手を出せる代物ではない。なお、圖録が入っていた「帙」とは、中国に伝統的な折り畳み式のブックカバーであるのだが、カバーを閉じるための「こはぜ」には、象牙が用いられることさえもあるのである。

次に、王韜は、弘光が、「廣東に遊ぶに及び、公卿大夫、皆節を折り、ともに交わる」と書いていたことにふれなくてはならない。

このことに関して、陳捷は、「幕末における日中民間交流の一例―知られざる日本人八戸弘光について―」と題する論考を発表してくれている（『中国哲学研究』第二四號、東京大学中国哲学研究会、二〇〇九年）。

ありがたいことに、同氏は、早稲田大学所蔵の大河内文書の中からさがしだした、「柳堂師友詩録・順叔吟草」を付載してくれている。「柳堂」とは、廣州の李長榮の堂号である。

「柳堂師友詩録・順叔吟草」には、李氏の弘光との関わりを記した文章がある。

> 藤宏光、字（欠二字）、順叔を號とす。日本國江戸人なり。余（李氏）、少年のとき、山水を作るを好む。日本の〔市河〕米庵、嘗て『小山林堂（米庵の號）書畫録』を刻し、特に柳堂の舊作の便面（扇子）を采る。君、米庵の弟子たれば、畫を見て、余を慕う。去歳、海に航して、粤（広州）に来て、何一山の案（つくえ）上に、余の詩文を見る。
> 一日、一山、君を携え、柳堂に過る。彼此、臂を把り、恍たること夙契のごとし。相対して筆談し、詩を品し、畫を論じ、外に及ぶなし（下略）。

冒頭の「藤」が何を意味するのかは、今ひとつ分からないが、弘光は、藤原氏の末裔だと言ったのであろうか。また、市河米庵は、すでに安政五年（一八五八年）に、八十歳で没しているから、安政六年に帰国した、ジョセフ・ヒコが、その弟子になれるはずもない。しかし、弘光は、書道の修行に打ち込んで、米庵が編集した、書畫録を愛玩した、というのは事実であろう。たまたま、「去歳」、広州にやってきて、知り合いになった、何一山（経歴不詳。名は、「桂林」であったらしい）の案内で、柳堂を訪問し、李長栄と完全に意気投合したのである。

また、これに続いて、「初到粤東」と題する、弘光の七言律詩が載せられている。首聯と頷聯は、

此身豈合占瓊樓　　此の身、あにまさに瓊樓を占むべけんや。
偶仮仙槎遊海外　　たまたま仙槎を借りて、海外に遊ぶ。
蜑雨暗迷青雀舫　　蜑（大粒の）雨、暗く迷わす、青雀の舫（ふね）。
客星明近古鰲洲　　客星、明けて近づく、古鰲洲（下略）。

律詩とは、「規律に従って作られた詩」と言う意味であり、いろいろと複雑な「規律」を守らなくてはならない。しかし、弘光のこの作品が、それらの規律のすべてを満たしているかどうかは、弘光のために論じないことにする。何となれば、王韜も李長栄も、弘光を書家としては認めているが、詩人だとは言わないからである。中国では、一流の文人とは、立派な詩を書けることを必須の条件とするのである。

それはさておき、この作品には、いくつかの注釈が付けられているが、それらを書いたのは、詩の作者の弘光自身ではなくして、編者の李長榮であったであろう。

まず、詩題には、「同治壬戌」という注が書かれている。これは、この詩が書かれたのは、清の同治元年、わが文久二年（一八六二年）であったことを証明する。つまり、弘光が、初めて広州を訪問したのは、この年であったことが知られる。

首聯の「瓊楼」には、「河南の瓊記楼上」、頷聯の「古鰲洲」には、「河南の鰲魚洲」という注がついている。

両方ともに、「河南」に位置していることに注意が引かれる。

さて、広州で「河」と言えば、疑いもなく「珠江」を指すのだが、弘光が住んでいたのは、「瓊記」、すなわちアメリカのハード商会の「楼」であった。「楼」の所在地は、「鰲魚洲」であったとされている。この「洲」という言葉から判断すると、そこは、清朝が外国人を隔離するために、珠江の左岸沿いに人工的に造成した「中洲」、つまり、今日の「沙面」であったであろう。

それはさておき、弘光は、文久二年（一八六二年）に廣州に行ったことになるわけなのだが、鎖国政策を取っていたこの時代、日本人の個人がここに旅行することは、ほとんど不可能である。わたくしはすでに、弘光は、アメリカ国籍のジョセフ・ヒコだろうと推測したのだが、この推測が誤りではないことを証明するために、かれの「自傳」に基づいて、この前後のかれの足跡を略記しておくことにする。

一八五八年六月　ハード商会の持ち船で、神奈川帰着。アメリカ領事館通訳。
一八六〇年二月　領事館、辞職。自前の商館開設。
一八六一年九月　横濱を出発、直行便でアメリカへ。當時は、攘夷党が猖獗を極めていた。
一八六二年五月　サンフランシスコ発。
同年　　九月　香港着。
　　　十月　横濱着。

見られる通り、かれの『自傳』には、香港に行ったことは記されているが、広州に行ったことは載せられていない。これは、『自傳』が、その書名にもかかわらず、ジョセフ・ヒコ自身の編纂ではないからではなかろうか。その実、かれの自傳を編纂したのは、在日イギリス人マードックであったのである。常時のイギリス人にとって、香港はさておき、廣州はたいした価値のないところと見なされたのであろう。

それはともかく、この年譜は、ジョセフ・ヒコが文久二年（一八六二年）、廣州を訪問したという、李長榮の記録の真実性を保証するであろう。周知のように、香港と廣州とは隣接しており、蒸気船に乗れば、比較的短時間で往復することができたからである。

ここで、吟香と弘光とが上海にやってきた時期を考えておくことにする。

『呉淞日記』慶應三年（一八六七年）一月二十七日（陰暦十二月二十二日）の日記の追記に、

おいらが上海へさきがけをして、ひきつづいて弘光がきて、このおふたり様ハ、まだこの處にまごまごしてゐるけれども、そのあとから木村がくる。そのつぎに、川路・中村・佐藤・箕作・伊東・福沢のてやいがくる。そのまへに、箕作秋坪もきたけれども、寧波へい〔ツ〕たるすで、あはなかつた。それから、こないだ、ミんぶさまのおいでの時も、本間（仙蔵）、清水（卯三郎）をはじめ、こころやすい人がおほぜいくる。それから、鏑木（立本）高橋（由一）がくる。いつでも、日本人が支那へくるたんびに、おいらのこころやすいものが、いくたりかあるが、おいらだといつて、日本國中の人をミなしつてゐるわけではないけれども、どういふわけかしらん。

とある。

すでに見たように、吟香が、ヘボンとともに横濱を出発したのは、慶應二年（一八六六年）九月十日であり、上海に到着したのは、同年の九月十五日であった。弘光は、吟香に「ひきつづいてきた」のだが、その正確な年月を知ることはできない。横濱発行の『ザ・デーリー・ジャパン・ヘラルド』にも、上海発行の『ザ・ノース・チャイナ・ヘラルド』の「出入港船舶情報」欄にも、かれの名前が見えないからである。

わずかな、手がかりは「木村」なのだが、わたくしは、吟香の友人の中に、木村姓の人物を見つけられないでいる。「そのつぎの川路」一行の足跡は、幸いなことに、調べることができる。

川路柳虹は、その父・太郎のイギリス留学時の日記『英航日録』を紹介してくれているからである（『黒船記』所収、法政大学出版局、昭和二十八年、一九五三年）。

吟香の言う「川路」とは、川路太郎（二十三歳）のことで、十四名から成る、イギリス留学生の取締役であった。かれの祖父、聖謨（としあきら）は、勘定奉行をも務めたことがある、幕臣であった。その次に名前がある、「中村」とは、中村敬輔（三十五歳）を指すが、當時かれは、聖堂付きの「御儒者」であった。「箕作」は、箕作奎五（十五歳）を指し、すぐ後に出てくる、箕作秋坪の長男である。「伊東」は、伊東昌之助（二十歳）を指すが、寄合医師で医学所頭取である。「福澤」は、福澤英之助であるが、その実、かれは、福澤諭吉の高弟に過ぎなかった。諭吉はかれを、自分の弟として、留学生の一行にもぐりこませたのである。

さて、川路太郎一行は、慶應二年（一八六六年）十月二十五日、イギリス船籍「ネパール」号で、横濱解纜。同月三十日の午後、上海に到着した。『英航日録』は、十一月朔日の記事に、次のように記している。

英吉利コンシュル（領事）館に至る。コンシュルに遇ひて、蘇州橋を過ぎ、蘇州（虹口）に至る。殆ど横浜の如く、英・清、館を交へたり。此橋の口に關門あり、入税を取れり。即ち我輩も英銭二十五セントを出せり。その税の多き、可驚とぞ。

日本人一名に、偶然、会遇せり。此人は、同船の亞人ウエンリートより話を聞ける人なり。其身分は、元旗本の次男某にて、横濱に、先年遊び、それより亞人に逢ひ、此地に至るよし。頗る書を能くし、詩文に通じ、英語も能くなせり。性質、至極宜敷相見ゆ。聊か感ずべきは、甚だ政府のお爲を思ひ居たりき。既に、懐中より、上海新聞を出し、其中、近時、日本政府の御政體を賞したる處を出し見せたり。即ち別紙差上候ものなり（聖謨へ送付せし意）。（下略）

これを読んで、まず感ずることは、『英航日録』には、吟香の名前が出てこないことである。また、「元旗本の次男某」が出てくるが、かれは、われわれが知っている、八戸弘光の肖像にそっくりである。そうすると、『呉淞日記』に記す、「そのつぎに、川路」云々の記事は、弘光から聞いたことを追記したものにちがいない。なお､川路が記す「ウエンリート」とは､安政六年（一八五九年）､ジョセフ・ヒコと同行して、神奈川に上陸した、オランダ系アメリカ人のヴァン・リードその人である。

それはともかく、八戸順叔は、川路らが上海に到着した、慶應二年（一八六六年）十月三十日以前に上海に到着していたことは確かである。

次に、吟香は、箕作秋坪（一八二五年—一八八六年）に言及する。かれは、もと津山藩士であったが、安政六年（一八五九年）當時、蕃書調所の教授手傳兼外國方であった。吟香がはじめて江戸に出た時、津山藩の儒者・昌谷精溪に師事したから、吟香は、その縁で、箕作秋坪と顔なじみであった可能性は高い。箕作はすでに、文久元年（一八六一年）、遣歐使節に随行して、ヨーロッパ諸国を旅行したことがある。さらに、秋坪は、慶應二年（一八六六年）、ロシアと日本との国境画定を目的に、ロシアに派遣された小出大和守（生没年不詳）の随員として、上海経由でロシアに行ったのである。

上海の英字紙『ザ・ノース・チャイナ・ヘラルド』（一八六六年十一月二十四日号）によれば、小出一行は、慶應二年十月十二日（陽暦十一月十八日）に横濱を出帆、同年同月十七日（陽暦十一月二十三日）、上海に到着している。

残念なことは、小出一行がいつ上海を離れたのかを示す記事がないが、この頃（十月中旬）、吟香は、ヘボンとともに、寧波を往復していたのは、すでに述べた通りである。このことに言及した吟香傳は、ほとんど存在しないが、この記録は、吟香が寧波に向けて上海を留守にしていた傍証になるであろう。

箕作秋坪が上海に到着した慶應二年（一八六六年）十月十七日と川路太郎が上海に到着した十月三十日との間には、わずか二週間しか隔たりがない。『英航日録』に吟香の名前がないのは、あるいは、この時、吟香は寧波に行っていたのではなかろうか。

最後の「ミんぶさま」（徳川昭武らのフランス使節団）と「鏑木」「高橋」は、慶應三年一月十一日、ほとんど同時に横濱を出港し、同月十五日、上海に到着して、吟香を喜ばせたり、驚かせたりしていた。なお、前者は、フランス郵船「アルフェー」號に乗り、後者は、イギリス船籍の「ガンジス」號に乗ってきたのである。

話の順序として、ここで、「鏑木」「高橋」の方に話題を移さなくてはならないが、その前に、吟香と弘光との関係について、読者に知らせておかなくてはならないことがある。それは、二人が横浜で『海外新聞』という新聞の刊行に従事していたという事実である。

岸田吟香には、『朝野新聞』所載の「新聞實歴談」という談話筆記がある（『ジャーナリズムの思想』所収、筑摩書房、一九六五年）。

　予が「新聞紙」を刊行したるは、元治元年（一八六四年）にして、これを刊行せんと企てたるは、かつて横濱に在って、ドクトル・ヘボン氏とともに、和英対訳辞書を編纂する頃、ジョセフ・彦という者と相往来したる時にあり。

　そのころ、遠州掛川の人にて、本間潜藏という者、また英語を修むるために、横濱にあり、彦藏と相往来せり。一日、彦藏、予らと語りていわく、米國には新聞紙というものあり、と。彦藏の勧めにより、いよいよ刊行せんことを思い立ち、すなわち、彦藏は、西洋新聞を翻訳し、予と本間氏とは、これを平かなまじりの日本文に綴りたり。

すでに述べたように、吟香が、清水卯三郎に説得されて、ヘボンの助手になるのは、慶應元年（一八六五年）四月のことであった。だから、「新聞實歴談」にあるように、吟香が、ジョセフ・ヒコや本間潜藏と出会い、新聞刊行の話が出るようになるのは、決して元治元年ではあり得ない。事実、「海外新聞」の第一号は、元治二年（一八六五年）に、刊行されたのである。なお、元治二年二月二十日、元號は、元治から慶應に変更されている。

早稲田大学図書館資料叢刊二『ジョセフ彦　海外新聞』（昭和五十二年、一九七七年）が載せる、第一號の冒頭は、次のようになっている。

元治二丑年
三月十三日、イギリス飛脚船此港ニ入りしを以て、左の新聞ヲ得たり。

ということは、「海外新聞」初號の発行は、慶應元年、一八六五年、三月十四日以降でなくてはならないのだが、元號の変更は、まだ横濱には通知されていなかったらしい。

また、この第一号には、「フランス事情」「プロヰセン國の部」「ロシヤ國の部」「オランダ國の部」「イスパニア國の部」「ホルトガル國の部」（ママ）の政治・経済事情が報道され、最後に「アメリカ國ノ部」においては、主として、南北戦争の戦況が報告されている。また、情報源の中には、ジョセフ・ヒコへの私信も含まれている。かれは、文久元年（一八六一年）から翌二年にかけて、南北戦争下のアメリカに滞在したことがあるので、アメリカの友人からも情報を得ていたのであろう。

そして、第一號の末尾には、次のようなメッセージが載せられている。

（前略）英国の飛脚舟ハ、一月ニ二度ツツハ、此港ニ来るものなれハ、便り有る度毎に、速に出板し、又、先に横濱在留之夷人ゟ出す引札をも訳して添可申候　H

百四十一番

和文の最後のローマ字「H」は、ヒコ自身のローマ字による署名である。また、「百四十一番」は、横濱居留地における、ヒコの住所であり、また、「海外新聞」の発行所でもあったのである。

なお、「新聞」という言葉は、文久二年（一八六二年）、幕府が上海に派遣した「千歳丸」に乗組んだ、名倉松窓の紀行にも「上海新聞」の文字が見えるから、中国人による「ニュース」の訳語のようである。また、「海外新聞」は、和紙を四、五枚綴じた、冊子体をなしていたので、その表紙には、「新聞誌」と書かれていた。

さて、海外新聞は、全部で、二十四冊刊行されたが、最終号の書き出しは、次のようになっている。

慶應二寅年八月廿五日（細字横書き「日本」）イキリス便舩入港新聞書

となっている。

これにより、ジョセフ・ヒコが、慶応二年（一八六五年）年八月二十五日（陰暦七月十六日）に、横濱に滞在していたことを確認できる。

ジョセフ・ヒコは、同名の「海外新聞」をさらに二号、発行している。

海外新聞第一號
慶應二年丙寅九月（割注　彦三新聞前編、第二十四號にて畢。更ニ第一號）
丙寅九月九日イキリス便舩入港新聞

これによれば、ヒコが、慶應二年（一八六六年）九月九日に、横浜に滞在していたのは確かである。なお、後編第一號は、従来の木版刷りとは異なり、手書きになっている。

そして、さらに第二號が出されたが、その巻頭は、

海外新聞第二號　ヒコゾー譯
一慶應二丙寅年九月廿八日　イキリス便舩入港新聞云

となっている。

これによれば、「ヒコゾー」は、紛れもなく、慶應二年九月二十八日（陽暦十一月五日）には、横浜にいたのである。一方、すでに見たように、川路太郎等一行は、陰暦十月二十六日に横濱を出港している。してみると、ヒコゾーこと八戸弘光は、川路たちに先立って、十月初旬頃に横濱を離れたのである。川路等と同船した、ヴァン・リードは、ジョセフ・ヒコとは、横濱領事館開設以来、昵懇の関係にあったので、船上での話のついでに、弘光に言及したのであろう。

これを要するに、ジョセフ・ヒコは、「海外新聞」の事実上の発行者なのであり、岸田吟香や本間潜藏は、あくまでも雇用者の地位にとどまっていたのである。

新聞の歴史を研究するひとびとは、「海外新聞」を日本で最初に発行された新聞であるといい、同時に、岸田吟香を最初の発行者だと言うけれど、それはいかがなものであろうか。

その二　高橋由一

吟香が上海で出会った「弘光は」、旧知の日本人にして、帰化アメリカ人のジョセフ・ヒコであった。だが、吟香はさらに、別の日本人に出会うことになる。

『呉淞日記』慶應三年（一八六七年）一月十五日の条には、

〇七ツすぎに、瓊記へいかふとおもふて、かしの方へ出てみるに、あすとルはうすのうちに、ひのまるの旗が立〔ツ〕てゐるから、はてふしぎだな、日本の人がきたそうだ。だれであらうかとおもひながらとほる。きんきへい〔ツ〕てみるに、弘光ハるすなり。それからかへりがけにミれば、あすとルはうすのまへのかしに、人がおほぜいたつてゐるから、おしわけてそばへよツて見れバ、日本人が八九人、小舩からさんばしへあがる。ひょいと顔を見やわせた（ママ）のハ、かふらき立本、又あとからあがるのハ、高橋怡之介。「これハめづらしい。どういふわけでここへハおいでなさいました」といふに、「いや、いろいろのわけありさ。まあ、あとでゆつくりとはなしませう」といふ。高橋云、「霞谷がよろしく申しました。たいさうきたがりました」と。そのうち、ミなミな舩からあがる。あすとルはうすのひのまるの旗を見て、一人云、「この旅館（ホテル）にハ、公儀の人がとまツてゐるから、さしつかへるによツて、外の旅亭（ホテル）へとまらねバなるまい」といふから、「さやうならバ、あなたがたハ、あすと〔ル〕はうすにとまツてゐる人とハ、べつの組でございますか」といへバ、「さやうです。あれハ、ふらんすの舩へ乗〔ツ〕て来た組で、私等ハ、いぎりすの舩できました」といふ。その時、ふりかへツて、あすと〔ル〕はうすの方を見れば、本間俊三郎でハない、今の名ハ仙さんが立〔ツ〕てゐるから、「あ！あすこにも私のともだちがゐる」といふて、そこをすてておいて、あすと〔ル〕はうすの内へいくに、なんだかおほぜい日本人がごやごやしてゐる。仙さんと逢（アツ）たとき、なんといツたか、ただ「これハ、これハ」とばかり。からでよしの山で有（アツ）た、うささんもおくの方から出てくる。季六さんもゐる。まことにうれしき事、たとへん物なし。（下略）

長い引用になったが、高橋由一たちは、その晩は、「ぶらだアほてる」にとまる。吟香が、高橋たちに会うのは、数日後になる。

すでに、見たように、吟香は、清水卯三郎の紹介で、ヘボンの辞書編纂の助力者になっていた。だから、かれは、その日のうちに、清水兄弟を自分の宿舎に招き、手厚い接待をした。なお、清水は、パリ万博の日本館への出品をめざしていた。かれは、日本人の大工を帯同して、万博の会場に日本風の茶屋を建設し、三人の藝妓を出演させ、グランプリを獲得して帰国した。

記すのが遅れたが、當日のあすとルはうすの主役は、徳川慶喜の実弟・昭武であった。パリ万博組は、上海に二泊しただけで、十七日に上海を後にした。

さて、吟香はと言えば、あすとルはうすに泊まっていた、清水卯三郎などの応接にいそがしく、最初に出会った高橋由一たちの行方については、知るところがなかった。

『呉淞日記』慶應三年（一八六七年）一月十七日の条の最後に、こう記されている。

夜になりて、弘光きたりてはなすによりて、高橋の諸君の事、はじめからくわしくわかる。

（原文二字落とし。つまり、後日の追記）

はじめ、さくらのほつたさまのごけらい、かぶらき・高橋諸人、はままつのゐのうへさまのごけらい某等九人、いぎりすの舩にて、此處へきてやどにさしつかへてこまツてゐた處へ、弘光いきあはせて、いろいろせわをして、ぶらだアはうすという旅館（ホテル）へとめてやる。それからあとのことなどいろいろ、きのふもけふもせわをして、今ハ、理倉橋の王仁伯といふ、支那人の處にゐるといふにて、はじめてわかる。大に安心する、近日にい〔ツ〕てあひませう。

この追記によれば、高橋たち一行の人数は、総勢九人である。

まず、鏑木立本は、佐倉の堀田公の家来であり、高橋も同じ佐倉藩のひとと数えられている。高橋は、実は、野州佐野藩士なのであるが、佐野藩は、佐倉藩の支藩なのであった。

濱松の井上公の家臣某は、数日後、吟香が王氏の邸宅を訪ねて、名倉予何人（あなと）であることを知る。実は、名倉は、すでに文久二年（一八六二年）、幕府派遣の千歳丸で上海に来たことがある。かれは、その時、上海城の小南門外に住む、王旦甫という中国人と知り合いになる。かれは、その翌年十二月、池田長發の随員として、横濱鎖港談判を目的にパリに渡るが、談判は不調に終わり、帰国する。その途中、名倉予何人は、佐原盛純（後年、漢詩「白虎隊」の作者）とともに、王旦甫を訪問し、旧交を温めた。

だが、名倉が、慶應三年（一八六七年）一月、王氏を再訪してみると、王旦甫はすでに他界してしまっていた。名倉は、息子の王仁伯に泣きついて、九人を泊めてもらうことにした。さらに、日本から持ってきた海産物等の商品を、その屋敷で販売をさせてもらうこと、それがすんだら、上海の道台（長官）と交渉して、南京往復の便宜を図ってもらうことにした。

海産物等の商品を調達したのは、佐倉藩の串戸五左衛門であったようだ。元佐倉藩士であった依田學海

は、『學海日録』明治二年（一八六九年）十二月十一日の条に、

藩士串戸五左衛門、去ル卯年（慶應三年、一八六七年）より、商法掛といふ職を命ぜられたりしが、あまたの金を藩より受けて、商法ヲ以て国益を爲すと稱し、国財を費すこと測られず。三年にして六萬金に至れども、豪も國用を足さず。ここに於て、衆議して商法局を廢し、國用を増す能わざるの罪を問はずして、先、母金を官に納むべしと論せども、敢て上らず。よつて、今年は必ず受けたる所の内より、先萬金を上るべしと命ず。


とある。

この串戸五左衛門は、高橋日記に見える串戸五左衛門とおそらく同一人物であるのではなかろうか。

さて、名倉が金陵（南京）を目指したのは、なぜであろうか。

十九世紀の後半、清朝は、太平天国の乱に苦しんだ。

一八五一年に広西省から始まった反乱は、洪秀全が、一八五三年、南京を陥れて、天王と称した。だが、曽國藩の反撃により、一八六四年、南京はようやく陥落した。だが、休む間もなく、捻軍という反乱軍が、山東・河南・安徽省に広まった。曽國藩は、かろうじて南京を回復したものの、引き続き捻軍の討伐に奔走しなくてはならなかった。

こういう状況下で、名倉は、何の必要があって、南京に行こうとしたのであろうか。強いて憶測をたく

ましくすれば、名倉の君侯・井上河内守正直が、慶應元年（一八六五年）から同三年（一八六七年）まで老中の地位にあったので、名倉に隣国の情報探索を命じたということかもしれない（『江戸幕府役職集成』「老中歴任表」、笹間義彦、雄山社、昭和四十五年、一九七〇年）。

なお、名倉には、『名倉松窓翁自傳』（雑誌『奉公』第七號、静岡県浜松町、明治二十八年、一八九五年）があり、それには、

慶應三年正月、商民數名を率いて、上海・金陵等の處に遊ぶ（自注　壯遊日録の著作あり）。

と記している。残念なことに、『壯遊日録』は、今日、伝わらないようである。

それはさておき、わが吟香もまた、金陵行きを計画していたのである。かれは、慶應三年（一八六七年）一月二十三日付の川上冬崖宛ての書簡（『近代日本洋画史』所引、土方定一、寶雲舎、昭和二十二年、一九四七年）において、

わたくしも、二月の中に、金陵から漢口の方へ、遊歴にいくつもりでございますから、ことによるとあっちの方から、いろいろよささうな物をさがし出してきます。

と述べている。

　吟香は、一月十五日、あすとルはうすの前で、高橋等に出会ったまま、すぐに、かれとは別れてしまった。後に、弘光の話から、かれらが王仁伯の家に滞在しているのを知るが、吟香が高橋たちを訪ねるべく王氏宅を訪問するのは、一月二十日になってからである。かれは、王氏の家に一泊して、翌日、自分の宿舎に帰って行く。その日に、高橋由一は、羽織袴姿の吟香像をその日誌に留めている。吟香は、普段は、ももひき・腹掛けで暮らしていたのだが、ひとの家を訪ねるので、正装をしたものと思われる。吟香は、この日に、高橋たちが金陵行きを計画していたことを知っていたと思われる。だから、一月二十三日付の川上宛の手紙に、「金陵から漢口の方へ遊歴にいくつもり」と書いたのである。それにもかかわらず、吟香の手記には、これ以後「金陵」の二字を見ることができなくなる。

六　『呉淞日記』第四冊の行方

　高橋由一は、金陵への往復をも含めて、上海滞在中の記録を残している。いま、かれの日記を摘録すると、

　二月　三日　　金陵行会議相整。
　　　十二日　　八時過出帆、金陵江趣。八戸順叔同行。
　　　十四日　　金陵に上陸。
　　　十五日　　名倉氏、曾家へ至る。

十七日　金陵発足。
十八日　蘇州に停泊。
十九日　十一時、上海着。王館江入る。

二月十八日、名倉松窓が、金陵で訪問した、曾家とは、曽國藩の官邸であったにちがいない。かれは、香港の王韜に紹介された、李善蘭（字壬叔、一八一〇年―一八八二年）を訪ねていったにちがいない。おそらく、八戸順叔こと弘光も同行したことと思われる。名倉は、この訪問で、老中井上正直に托された任務を果たしたことになる。

それはさておき、高橋の日記には、吟香が金陵に行ったという記事がない。なぜ、吟香は、金陵に行かなかったのであろうか。わたくしは、吟香の金陵行きは、ヘボンがそれを許さなかったからであろう、と推量する。

すでに見たように、吟香は、ヘボンの小使として、神奈川奉行所に旅券を申請し、奉行所は、「支那上海迄立帰りの積り」を条件として、旅券を発行した。ヘボンは、吟香が勝手に金陵まで行ったことが、後日露見することの危険を思うと、吟香の金陵行きを認めなかったのであろう。吟香は、泣く泣く、ヘボンの命令に従わなくてはならなかったであろう。おそらく、この一件の顛末を日記に記したにちがいないが、吟香は、それを残すことに耐えられなかった。その結果、『呉淞日記』の第四冊は、廃棄されたのではなかったか。

七　上海での華人との交友

上海での吟香は、毎日を実に生き生きと暮らしている。なにしろ、食と住とは、ヘボンが保証してくれている。だから、安心して生活をすることができるのである。それに、上海の租界では、日本とはちがって、なんらの身分上の差別もないのである。

かれが、日本で書画のブローカーをしていたことは、慶應二年（一八六六年）十二月十九日の『呉淞日記』からも、容易に推察できる。

曹〔素功〕先生・龔某・宋蟾客・丁介生・〔淩〕蘇生など、此の房子に来て、いろいろ筆談した時、書畫を見せるに、〔石井〕澹香の書ハだれもほめるなり。畫の方ハ、いずれをもかくべつにいはず。〔目賀田〕芥庵の絹地の山水を見て、「好！好！」といふ。それから、〔川上〕冬崖の花卉をたいさうほめた。蘇生は、「冬崖、花卉最妙！」とかいた。〔鈴木〕鵞湖・〔岡田〕半山のよりあひがきの瀑布観音を見て、「未到家」とかいたが、どういう意味かしらず。藤森〔天山〕の書をもみせる。〔市河〕米庵の字をも見せる。米庵は、唐人もよく知ツてゐる也。それから、「畢竟、字、畫よりも妙なり」とかいて出す。蟾客、しきりに澹香の書をほしがるから、四幅ともにやつてしまふ。

ここに出てくる、日本人の書家・画人を一々紹介している余裕はないが、書家で、中国人の好評を博し

たのは石井潭香以外にはいない。『大日本人名辞書』（同刊行会、大正十五年、一九二六年）によれば、

> 石井潭香、江戸の人なり。尤も清人の書法を好み、その口訣を得むと欲し、乃ち母を尾藤水竹に託して、崎陽に遊び、清客・江芸閣に就て、悉く其の法を受け、歳餘、東に歸る。（中略）平生、傘を支ふるに、未だ嘗て右手を用ひず。行く時は、則ち右手を將つて、懐中に架す。蓋し、運筆に害あるを以てなり。

石井潭香は、長崎まで出かけていって、中国人流の書風を会得したのである。吟香が、上海で出会った中国人たちが、澹香の書を絶賛した所以である。

川上冬崖（文政十年、一八二七年―明治十四年、一八八一年）が、幕末、日本に洋画を導入した功労については、すでに述べた通りである。

それはさておき、わたくしが、『呉淞日記』を読んで感ずるのは、吟香は、一体全体どうして、それほど多量の書画の軸物を上海に持ち込むことができたのか、という問題である。

ヘボンが、初めて日本に上陸した一八五六年（安政六年）、上海からアメリカ長老派教会海外傳道部に送った書簡には、次のように書かれている。

> 上海から神奈川までの船賃は、大変高く、二人で四〇〇ドルばかりかかります。でも、一〇トンば

かりある荷物には、餘分の運賃は、取らないようです。

當時、アメリカ人が外国に移住するには、「二〇トンばかりある荷物」を携帯する必要があったらしいが、貨物の運賃は、不要であったのである。吟香が、ヘボンに同行して上海に行った時も、事情は同様であったであろう。つまり、吟香は、ヘボンの名義で、持てる限りの書画を上海に持ちこむことができたのである。それは、商品というよりかはむしろ、中国人向けのお土産であったようである。それは、宋蟾客が石井潭香の書をほしがると、あっさりと四幅も進呈してしまうところからもうかがわれよう。

また、吟香は、日本人の画家から頼まれた、裱装を上海の専門店に依頼したりしている。『呉淞日記』慶應二年（一八六六年）十二月十五日の条には、次のように記されている。

城内の玉和堂へよりて、〔目賀田〕芥庵の畫を裱具(ママ)をたのむ。〔許〕小亭、印肉のある肉池をくれる。

また、同年十二月三十日の条には、

裝潢師・許小亭がふときて、芥庵の花卉をへうぐができあがつたといふて出す。それから、美人の畫を四枚くれてから、「かねをかしてくれろ」といふけれども、おいらもかねもちでハなし、そんなに人にかすほどハもたないから、美人の畫ハかへしてやる。せつかくさういふ事だから、洋銀三まいかしてやる。此小亭も、此あき、はじめてしんしょを持（モッ）て、あらじょたいだから、ほねかをれると見えて、こんな事をおれにまで云〔ツ〕てくる。ぜんたい支那人ハ、日本のものハ、ミな、かねをたんと持〔ツ〕てゐるやうにおもつてゐるさうだ。

とも書かれている。許小亭は、玉和堂所属の職人であるらしい。

もっとも、吟香は、上海ですこしだけぜいたくをしている。慶應二年（一八六六年）十二月八日の日記には、

　詹大有で、先日あつらへておいた、象牙管の筆と墨を受け取って、玉和堂へ行く。

と書かれている。吟香は、象牙の軸でできた筆を買ったのである。おそらく、上海における吟香の最大のぜいたくであったであろう。慶應三年（一八六七年）一月二十三日付、川上冬崖宛ての手紙には、

　門跡前の山佐の處へは、おりおりおいでなさるか。わたくしも、山佐とやくそくもありますから、書畫でも買つて送りたいと存じますけれども、なにぶんかねがなくてしかたがございません。月々だら十枚くらゐとるのでは、くふのに半分餘りいりますから、のこる處はありません。文房古玩には、よほどおもしろい物がありますけれども、なかなかかへません。やすいものでも、だら十枚・五枚・

二十枚ぐらゐはいたしますから、とても手に会いません。

と書いている。上海における吟香の月給は、わずかに十ドルであったのである。これは、かれの雇い主・ヘボンがけちであったためであろうか。

ヘボンは、一八七二年（明治五年）四月十一日付のアメリカ長老派教会海外傳道部の主事・ラウリー博士に宛てて、上海から次のように書き送っている。この時、ヘボンは、一八六七年に出版した『和英語林集成』の売れ行きが好調だったのと、第二版の増補・訂正のために、上海に滞在していたのである。

上海での經費は、なかなかかかります。ミッション本部は、他の費用以外、一ヶ月百十ドルしか下さらないからなのです。わたしは、勘定をつけておいて、この仕事が終ったとき、計算書を提出いたします。

この書簡の「他の費用」の意味するところは、必ずしも明らかではないが、それは、傳道活動に関する費用であったと思われる。すると、百十ドルは、ヘボン夫妻の一ヶ月の生活費であったのではなかろうか。

この推測を裏付けるため、〔慶應二年〕一八六六年（陽暦）九月四日付で、横濱からラウリー博士宛てに出された書簡を引用しておこう。

わたしは、辞書の印刷のため、來月、上海に行く予定です。來年の夏ごろまで、そこに留まるかもわかりません。

アメリカの友人の一人で、ウォルシュ・ホール商会のウォルシュ氏から、親切にも辞書の印刷出版に必要な一切の資金を立替えてくれました。そして、もし収支つぐなえない場合に、あらゆる金銭上の損失を負担してもよい、との申し出がありました。


つまり、ヘボンの辞書印刷は、アメリカ長老派教会の事業ではなくして、ヘボン個人の宣教活動の一環として取り組まれた事業だったのである。当然、吟香の渡航費用や月給もまた、ヘボン個人の負担になっていたのである。もし、ヘボンが横濱で有料の医療活動を行っていたなら、かれは相当に裕福になることができたであろう。だが、かれは、無料で奉仕していたのであるから、それほど金持になることはできなかった。だから、吟香に払う、十ドルの月給は、ヘボンとしては精いっぱいの心遣いであったであろう。吟香はそれを知っていたので、存分に書画を買うことができないのを残念に思いながらも、それに不満を抱くことはなかったのである。

とは言え、吟香は、上海で、その生涯のうち、もっとも自由な時間を持つことができた。かれは、作州津山で、多感な青年時代を送ったが、そこで、小原竹香（文化十二年、一八一五年―明治二十六年、一八九三年。津山・善應寺様恵送の「岸田吟香の作州略年譜」による）という画の師匠にであった。その雅號から推すなら、小原氏は、竹を画くことを得意としていたのであろう。弟子の吟香もまた、師匠ゆずりの竹好きであり、上海に来てからも、暇さえあれば、竹を画いていた。そして、その作品は、中国人画商から高い評価を得ていたのである。

『呉淞日記』慶應三年（一八六七年）三月二十四日の条には、次のように書かれている。

曽我〔準造〕と城内へい〔ツ〕て、〔孫〕仁圃先生の處へいく。奥へとほつて見れば、〔石井〕潭香の書四幅とおいらの竹四幅を、りつぱに裱装して、兩傍の壁にかけてある。ここで、筆談して、しばらくやすむ。

孫仁圃は、書画を専門に扱う、礼儀正しい商人であり、『呉淞日記』に最も多く登場する商人の一人である。吟香は、中国人書画商から、中国風の書を得意とする、石井潭香と同格に扱われているのを知って、とてもうれしかったにちがいない。

なお、この日、吟香と同道した、柳川藩の曽我準造（後に祐準。陸軍中将）は、長崎のグラバーの手引きで、上海に密航して、イギリス船に乗って、北は天津、南はカルカッタまで往復したひとである（『曽我祐準翁自叙伝』、大空社、昭和六十三年、一九八八年）。

慶應三年（一八六七年）三月二十七日の日記には、こんな曽我祐準との問答が記されている。

曽我準造来る。おいらの竹をかいてゐるのを見て、「なぜ、こんなむだな事に力をついやしなさる。

それより、書物など著述してお出しなさツたら、世に益がありませう」といふから、「さやうさ。わたくしもさうおもひますが、何分ここにゐて、萬事おもしろくなくていけませんから、氣のなぐさむために蘭や竹などむやみとかいて見ますが、それも人にたのまれたり、又よくかかうとおもふから、やはりたのしみにもならず、かへ〔ツ〕ていやになる事もあります。著述の事ハ、とうからおもひついてをりますが、まだはじめません。ことし、日本へかへ〔ツ〕たら、なんぞよい書物をあみだしたいとおもひます。

吟香の日記には、西洋人としては、宿舎の「湯先生」（E.H.THOMSON、アメリカ監督派教会の宣教師）と美華書館（メイホア）の「姜先生」（アメリカ人、WILLIAM GAMBLE）の二人だけしか見られない。おそらく、数千人はいたであろう、租界の西洋人については、まったく言及がない。すでに、一年以上、横濱で暮らした吟香の目には、西洋人は、目新しくもなんともなかったのである。

八　吟香の帰国

すでに述べたように、吟香の上海滞在記『呉淞日記』の清書本は、慶應三年（一八六七年）四月四日以降の清書が放棄されてしまっている。従って、吟香とヘボンが、何日に上海を離れて、何日に帰国したのかを正確に知ることは困難である。

『呉淞日記』に続く、吟香の手記は、「はまつと」（『社會及國家』二二七號、昭和九年、一九三四年、五月號所載）であるが、その冒頭は、

慶應三年（一八六七年）といふとしの九月五日に、よこはます洲干町の海屋の樓上にて、此さうしを作る。

と書き出されていて、同日の記事には、

此四月の末に、日本へかへつてから、なにもせずにぐずぐずして、江戸へい〔ツ〕たり、はまへきたり、なにかかねでもうかる事ハないか、ないかと欲張てかけまわつて見ても、格別おもしろい事もなし。

と書かれている。

これにより、吟香は、慶應三年（一八六七年）の四月の末に、上海から帰国したことを知ることができる。だが、残念なことに、吟香とヘボンが、四月の何日に上海を離れて、何日に横浜に到着したのかを知ることができない。

幸いなことに、吟香そのひとではなくて、ヘボンに関する資料から、このことを推測することが可能

である。その資料とは、横濱で発行されていた、英字日刊紙『ザ・デーリー・ジャパン・ヘラルド』の一八六七年五月二十四日（慶應三年四月二十日）号である。

同紙の一面には、「ヨコハマ　船舶情報」欄があり、ヘボンと吟香が乗船した、アメリカ船籍の「コロラド號」が、五月二十三日（陰暦四月十九日）に、横濱に入港したことが報じられている。また、五月二十五日号には、「コロラド號」の乗船名簿が掲載され、そこには、「J・C・ヘップバーン博士」の名前を見ることができる。だが、「小使」扱いの吟香の名前を見ることはできない。

なお、二十五日付の二面には、「リポート」として、「コロラド號」の香港出港から横濱到着に至るまでの経過が報告されている。

同船は、一八六七年五月十五日、午後四時に香港を出港したが、最初の三日間、荒天に見舞われたため、東サドル島（今日の崇明島であろう）に到着したのは、十九日の午前九時になってからであった。ここで、小蒸気船「エゾ」号と合流して、乗客と郵便物を船内に積み込み、同日、午前十一時に、ここを離れた。以後の航海は、ずっと好天に恵まれた。

「コロラド」号は、どうして、上海まで行かなかったのであろうか。それは、「コロラド」號は、三七五〇トンもの巨大な船体を持っていたので、長江にそそぐ支流・黄浦江を遡行することができなかったのであろう。そのため、乗客とその荷物は、上海から小舟で黄浦江を下って行き、長江との合流点まで行かねばならなかったのである。

後述するように、『和英語林集成』の初版は、六九〇ページ（和英の部分が五五八ページ、英和の部分が一三二ページ）もあり、しかも、その部数たるや、一二〇〇冊以上もあったのである。さらに、『呉淞日記』には、言及が見られないが、ヘボンは、寧波在住の長老派宣教師・マッカーティ（一八二〇年―一九〇〇年）が、執筆した「真理易知」（原書は漢文）というキリスト教入門書を、自ら和訳した同名のパンフレット（三九丁）を、上海で印刷して、五〇〇〇部も持ち帰ったのである。

「コロラド號」の停船時間は、わずかに二時間しかなかったのであるから、吟香は、辞書とパンフレットの積み込みのために、大汗をかいたにちがいない。これらのことは、『呉淞日記』に詳述されていたにちがいないが、それが失われてしまっているのは、返す々々も残念である。

とは言え、ヘボンは、この欠点を補ってくれている。かれは、一八六七年五月二十三日（慶應三年四月二十日）付の、ミッション本部宛ての手紙で、次のように述べているのである。

わたしは、本月十七日（陰暦四月十四日）午後五時、仕事を終え、同夜、香港から横浜に向かうコロラド號に乗り移るため、汽船で上海を出発しました。

因みに、慶應二年（一八六六年）九月十日、吟香が上海に向けて乗ったのは、イギリス船籍の「カディス」號（八一六トン）であった。この小船なら、黄浦江を遡行して、上海まで行くのは、ごく簡単であったにちがいない。
　なお、ヘボン夫人は、慶應三年三月十二日（陽暦四月十六日）に、一足先に上海を離れて、その五日後に、無事横濱に到着した（『ザ・デーリー・ジャパン・ヘラルド』一八六七年四月二十二日號）。吟香の『呉淞日記』、三月十一日の条には、

　ヘボンのおかみさんに、わかれにいく。手をにぎ〔ツ〕て、「さいなら。ごきげんよろしく。やがてあとから、わたくしもかへります」とてわかれる。

とある。また、同月十四日の条には、

　よいおてんきになる。風がふく。へぼんのおかみさんが、舩によふだらう。しかし、けふハ、日本のうみへいくだらう。

と記されている。
　察するに、吟香は、上海に行く途中、荒天のため、船酔いをしたのであろう。というのも、吟香たちの乗った「カディス」號は、わずか八一六トンに過ぎない小舟であったからである。

九　『和英語林集成』の版権と売れ行き

帰国したヘボンは、すぐさま、慶應三年（一八六七年）四月二十九日付で、江戸のアメリカ公使館書記官・ポルトメンを通じて、外国奉行宛てにつぎのような申請書を提出した（『續通信全覧』巻三一（雄松堂、一九八七年）所収の「米國醫ヘボルン（ママ）著、日英対訳辞書翻刻禁止請求一件」には、

（前略）神奈川開港以来、同所へ居留せる、有名之亞米利加人、ドクトル・ジ・シー・ヘボルン（ママ）、専ら英語日本語對訳辞書編集之事を務め、今、其卒業之期に至れり。この辞書は、上海にて刊行し、第一板千貳百部を製本し、両三週中に者、発賣すべし。ドクトル・ヘボルン（ママ）氏は、この書を賣り、其利を占むるの素志にあらすと雖も、許多の日本人、この書を珍重するより、直に翻刻に及べる事に至らば、同人第一板之入費を償ふ事を得す、不貲の損失を受くべし。此辞書は、日本之為、大裨益をなすべき書なれは、第一板之世話、日本政府にて周旋し玉ふに、些少の不都合もあるましと、余、之を信せり。閣下、之を賢考ありて、然りとせは、両三日之中、其事に付、余と共に、其処置、議し玉ふへし。其節、余、この辞書を尊覧に備へん事を望めり。謹言

ア・ル・セ・ポルトメン手記

これに対し、幕府は、慶應三年（一八六七年）五月二十一日付で、塚原但馬守以下四名の外国奉行の連署により、以下のような通達を下している。

今般、亞国書記官ポルトメンより、私共宛、書簡壱封差出候。（中略）右辞書製本之分、千貳百部、近々発賣仕積りに付、若〔し〕右を、御國人〔に〕於て、翻刻仕候様に而者、編集者之損失不少儀に付、右部数、賣切候迄者、翻刻之儀、堅く御禁止被下度旨、申立候。右者、尤之次第にも有之候間、別紙、開成所頭取へ之御書取案相添、此段申上候。以上。

（慶應三年）卯五月

塚原但馬守
江連加賀守
石野筑前守
川勝近江守

當時、列国と幕府との間には、治外法権の条項があったので、外国人の言論・出版は、完全に自由であった。逆に、日本人が、外国人の著作を翻刻するのもまた、何らの制限がなかったのである。しかし、アメリカ公使館を通じての、ヘボンの異議申し立ては、めでたく、外国奉行により、承認されたのであった。

ヘボンは、この時、この年（慶應三年、一八六七年）の二月、吟香が高橋由一・名倉松窓らと同行して、南京行きを懇望した際、吟香の出国条件に、「支那上海迄、立歸之積りを以て差遣」という条件がついていたので、吟香の金陵行きを断念させておいてよかった、と思ったにちがいない。これは、やや後年のことに属するが、ヘボンは、吟香の希望を断念させた見返りに、吟香に対して、想像もできない恩恵を施すことになるが、このことに関しては、後述することになる。

さて、慶應三年（一八六七年）は、日本歴史の転換点であった。

まず、この年の三月二十八日、新将軍・徳川慶喜は、大坂城において、英・仏・蘭の各国公使に兵庫開港を約束し、五月二十四日には、兵庫開港がついに勅許になる。つまり、ペリーが来航した、嘉永六年（一八五三年）以来、日本全国で展開されてきた、攘夷運動が大きな転回点を迎え、開国へと急展開していったのである。當然のことながら、日本人の知識欲は、それまでの漢文学から洋学、とくに、英米への学問へと向かうことになる。言うまでもなく、日本人は、英語の習得に熱中しだしたのである。

まさにちょうどこの時、ヘボンの『和英語林集成』が、幕府の版権保護のもとに、発売されることになったのである。従って、『和英語林集成』は、文字通り、飛ぶように売れたのである。かれが、上海で印刷した一二〇〇部は、またたく間に売り尽くし、一八七〇年（明治三年）六月には、第二版の出版を迫られることになったのである。

ヘボンは、一八七一年二月二十一日（明治四年一月三日）付の、実弟スレーター宛ての書簡で次のように述べている。


わたしの編纂した辞書は、二年間に売り切れてしまいました。古本屋で、四二ドルで売られています。三〇ドルが、普通の値段なのですが。

『和英語林集成』は、一二〇〇部印刷されたのだから、一部三〇ドルで計算しても、三万六〇〇〇ドルの売り上げになったのである。印刷費用を差し引いても、五〇〇〇ドルの収益があった計算になる。（『ヘボンの手紙』、高谷道男訳、有隣堂、昭和五十一年、一九七六年）

高谷道男編訳の『ヘボン書簡集』（岩波書店、昭和三十四年、一九五九年）には、一八七一年（明治四年）六月十六日付で横濱から発信された、アメリカ長老派教会外国傳道局長・ラウリー博士宛ての書簡が収載されている。

わたしが辞書を再版したいと前にも申し上げておきましたが、これを実行するためには、もう一度上海に行って、数ヶ月とどまらなければなりません。ミッション本部からその許可をお願いしたいのです。来る十月か十一月に上海にわたりたいと思っています。（中略）積極的な宣教活動に関する限りにおいて、この辞書の出版の事業は、将来やるよりも、今の方が都合がよいのです。前の場合と同様に今度も、ミッション本部は、この書物に関して、わたしの俸給以外、何らの支出をも要しないでしょう。わたしの旅費と出版費ならびにそれに関する一切の費用は、わたし自身が負担いたします。

辞書の第一版を出版する前に、ミッション本部に儀礼的な申込みをいたしましたが、ことわられました。それで、横濱在住の一商人の援助がなかったら、多分出版ができなかったかもわかりません。その時は、金銭的な成功をするなどは、全く考えも及ばなかったので、その友人もどんな結果になろうとも、喜んで損失を負担する覚悟でありました。ところが、すばらしい成果を収めました。そして、その利益金で、できる範囲内にて、第二版を出版したいと思っています。

また、一八七二年（明治五年）四月十一日付、上海発のラウリー博士宛ての書簡では、

（前略）あなたがわたしに公平な処置を取られたとは考えられない点があります。それは、この書物の出版に関する責任を拒絶されたことです。（中略）ジョン・ウォルシュ氏が、すべての責任をとって下さったのです。実は、第一版を出版した時、出版費の支払い以外のことは考えませんでした。出版の成果を危ぶんだからでした。ところが、今この版を三〇〇〇部出版中です。しかも、書物は、九〇〇か一〇〇〇ページぐらいに大きくなりました。紙だけは、イギリスで二一（ママ）〇〇ドルかかり、従って、書物が出来上がった時、出版費はかなり高額なものになります。多分、一二〇〇〇ドルぐらいです。たとえ、何らかの損失が生じたとしても、ミッション本部では、その損失の責任を負わないでしょう。この件について、ミッションを非難することはできません。

と記されている。

こうして見ると、『和英語林集成』の執筆及び出版は、アメリカのミッション本部の了解を得ることなく、宣教師ヘボンの個人的な使命感によってなされたことが知られる。そして、第一版の出版は、ジョン・ウォルシュ氏の義侠的な援助によってはじめて、とりかかることが可能なのであった。

いま、アジア在住の西洋人の紳士録『ザ・チャイナ・ディレクトリ』（一八六七年版）によれば、ジョン・

ウォルシュは、横浜在住のウォルシュ・ホール商会の人であることが知られる。日本人は、この商会を「アメリカ一番館（略称「アメ一」）と呼んでいた。その共同経営者は、フランク・ホールである。付け加えていえば、ヘボンの息子のサミュエルは、當時、ウォルシュ・ホール商会の社員でもあったのである。だから、ジョン・ウォルシュこそは、『和英語林集成』出版の最も重要な後援者であったのである。

さて、前の引用から少し間をおいて、ヘボンは、次のようにしるしている。

出版したその年に、その利益の中から、一〇〇〇ドルを妻にプレゼントとして与えました。それは、妻が、始めから終りまで、忠実に仕事を助けてくれたからです。今、妻の分を保留していただき、残額ほぼ四千ドルをこの第二版のために用いたいのです。

上海での經費は、なかなかかかります。ミッション本部は、他の費用以外、一ヶ月一一〇ドルしか下さらないからなのです。わたしは、勘定をつけておいて、この仕事を終った時、計算書を提出いたします。

この記述から、『和英語林集成』の第一版は、ヘボンに総計五〇〇〇ドルもの利益をもたらしたことが知られる。同時に、ヘボンが、ミッション本部から受け取る給料は、月額わずかに一一〇ドルであったことも知られるのである。

『和英語林集成』が完成した時、吟香は、上海で、ヘボンから謝礼として、五十ドルを受け取った。われわれは、當時のヘボンの給料の高を知ってしまった現在、この五十ドルが安きに過ぎるなどとは言うことができないのである。

この項を終えるにあたり、一言しておかなくてはならないことがある。それは、ヘボンは、どのようにして『和英語林集成』を売りさばいたのかという問題である。

吟香は、慶應三年（一八六七年）一月十五日付の川上冬崖宛ての書簡（『近代日本洋画史』所収、土方定一、寶雲社、昭和十六年、一九四一年）で、次のように述べている。

（前略）ごきげんようございますか。今日、瑞穂屋卯三郎、此地へ着船いたしまして、あふと先、あなたの事をたずねました。（再略）此三月初めには帰りましょう。和英対訳辞書も半分の餘できあがりました。此事に付て、萬屋さん方へいろいろ御申續下さいました様に、瑞穂屋からききました。誠にありがたうございます。私もまだ鳴鵞大人には逢た事はございませんけれども、かへりましたら何分よろしく御引合せのほどおねがい申し上ます。至てよい本になります。

ヘボンは、『和英語林集成』の印刷に没頭していたから、刷り上った辞書をどうやって販売するかについては、思案に余ったにちがいない。

吟香の書簡によれば、『和英語林集成』は、清水卯三郎や川上冬崖を介して、福田兵四郎（「萬屋」「鳴鵞大人」は同一人）に販売を担当してもらったようである。福田は、幕末に老皀館（そう）（本業は墨屋であったという）

と號して、訳書の出版もした人である。本来なら、清水卯三郎（瑞穂屋）が販売を担当すべきところ、かれは、パリ万博に出かけていたのである。そこで、福田兵四郎に白羽の矢を立てたのであろう。

つまり、『和英語林集成』の販売を担当したのは、福田兵四郎であったと思われる。もちろん、吟香も、その間に立って、存分に活躍したであろうことは、想像に難くない。

第五章　幕末・維新の吟香

一　帰国後の吟香の生活

『呉淞日記』に続く、吟香の手記は、「はまつと」（『社會及國家』二一七號所収、昭和九年、一九三四年、四月號）である。

「はまつと」は、日記の分量は、慶應三年（一八六七年）九月十五日に始まり、同十月八日で終わっている。圓地氏の解説によれば、わずかに二十一枚にとどまり、その外に、雑記帳として使われた五十九枚が綴じられ、その五十九枚目の裏から、また、日記となって七・七枚が続く。後の日記体のところは、「七日」から始まって、「二十七日」で終わり、さらに五枚の雑記帳がある、とのことである。

圓地氏は、

> 雑記帳に使はれてゐる處に書いてあるのは、いろいろの事業の計劃やら、願書や手紙の下書やら、著述の下書などであって、非常に面白いものである。然し、ノートとして書かれたものであって、頗る讀み難いのみならず、盛んに消したり書き入れたりしたり、また、朱筆を入れたりしてあって、本人の吟香以外には、ちょっと判斷のつかぬ處が多いし、それに餘り纏まったものでもないので、「はまつと」の本文からは、一切省略して、此處には發表しないことにした。吟香の傳記でも書く場合に、よく詳細に研究して見たいと思ってゐる。

と記している。

もっとも、圓地氏は、雑記の内容を摘記してくれてはいるが、わたくしは當面、それには触れないでおくことにする。

まずは、「はまつと」を読んでみることにする。

　慶應三年といふとしの九月十五日に、よこはま洲干（すかん）町の海屋の樓上にて、此さうしを作る、其わけハ、日記を書くためなり。

十五日

　去年のけふ、支那へ着舩して、上海へ上陸して、ひるから演戯をみたつけ。はやいもんだ、モウ一年になる。ことしも、支那へでもいきたいもんだ。此四月の末（引用者注　十九日）に、日本へかへつてから、なにもせずにぐず々々して、江戸へい〔ツ〕たり、はまへきたり、なにかかねでもうかる事ハないか々々々と、欲張〔ツ〕て」かけまわつて見ても、格別おもしろいこともなし。

　先月のおつきみの時から、此海屋の二階をかりて、ここを寓居の處としてゐるが、さて何かおもしろい工夫もなし。

これを読んで、まず気づかれることは、吟香はすでに、ヘボン館を離れてしまっていることである。そして、以前と同じように、江戸と横濱とを往来しては、その日暮しをしている様子がうかがわれる。

吟香が、慶應三年（一八六七年）八月十五日以来、居候を決め込んでいる、海屋は、江戸堀江町からやってきた、細井久次郎の屋號で、安政六年（一八五九年）五月十一日開店の老舗である。瀬戸物や漆器などを扱っていたというから、外国人相手の商店であったようだ。また、その建物は、まことに広大であり、何と一七八・五坪もあった（『横濱市史』第二巻、昭和三十四年、一九五九年、附録「横濱商人録」）。

吟香の友人・清水卯三郎の自傳『わがよのき』の「パリ萬博に」の条には、

　この博覧會にいだす品物を買い集む。（中略）横濱のかいや久次郎といふ人来たり、大きやかなる花いけを持ち来たり、買い取りてよ、といふ。その高さ、五尺ばかり、腹の太さ、一尺五・六寸。首長く細り、また、上の口にいたりひろがり、その繪模様は、いとつたなく、遊女の蛇の目の唐傍（からかさ）をさしかけたる様なり。価二百兩といふを、百七十兩に買い取りたり。かくの如き大きなる物もなくてならず、と思ふてなり。

なお、清水卯三郎は、その自傳において、吟香をヘボンに紹介したのは自分だ、とも言っていたのは、すでに紹介した通りである。

『呉淞日記』慶應三年（一八六七年）三月二十日の条には、

　美華書館からのかへりに、東來行による。黄振篆といふ男、あしたよこはまへいくといふから、てがみを海屋へとどけてもらふ。上海雑貨の直（ママ）段をざっとかきしるしてやるなり。

とある。吟香は、かつてヘボン館にいた時から、海屋とは昵懇の間柄であった様子がうかがわれる。

ところで、吟香が、まだヘボン館に住み込む以前、かれの仕事は、書画の売買であった。だから、上海滞在中にも、多くの書画の店舗を訪問しては、書画の相場の収集にも怠るところはなかった。吟香は、日本と上海の間の書画の取引に、将来の夢を見ていたのではなかったか。だから、帰国後の「はまつと」にも、書画に関連する記事が見えている。

たとえば、慶應三年（一八六七年）九月十七日の日記には、「山梨東嶂の處であったことがあるといふ、書畫屋来る。名ハ、萬吉とも、松澗堂ともいふ。くきまんともいふ」という記事がある。『文久文雅人名録』文久三年版（近世人名録集成、第二巻、森銑三等編、勉誠社、昭和五十一年、一九七六年）によれば、山梨東嶂は、下谷長者町に住む画家となっているが、書画の売買にも従事していたのであろう。

また、翌九月十八日の日記には、「魏功森の處へい〔ツ〕て書畫を見る」とある。魏功森は、以前から上海と横濱とを往復する中国人で、『呉淞日記』に頻出する、魏學松と同一人物であるらしい。「學松」は、「功森」の字（あざな）か號であるらしい。

さらに、九月二十二日の日記には、「中屋の星二さんをつれて、〔魏〕學松の處へいく。墨をうる」と書かれているが、墨を売ったのは、魏學松であり、江戸の中屋は、いわゆる「唐墨」の仕入れにきたのであると思われる。なお、中屋の星二は、女流画家・小池紫雪の夫君でもある。吟香は、上海で紫雪からの手紙を受け取り、これに返書を認めたりしていた。中屋の星二は、吟香の仲介により、江戸では手に入らない「唐墨」の仕入れに成功したものと思われる。吟香は、当然、魏學松と中屋の双方から、相応の手数料を受け取ったにちがいない。

さらに、慶應三年（一八六七年）十月三日の日記には、

けふ、學松、上海へいくに付て、筆とすみとを注文する。百五十兩斗（ばかり）の物也。

とある。この頃、吟香のふところは、かなりに潤沢であったらしい。

また、「はまつと」には、前月の二十一日から二十六日までの記事として、

江戸から、吉田の幸藏さんがきて、一夜、とまる。かねを二十兩かしてやる。

という書き込みがある。

この「吉田」が向嶋の吉田六左衛門であるのか、はたまた、日本橋の書肆・吉田清兵衛であるのか、判断に苦しむが、そのどちらかの手代に、二十両を貸してやったのだという。江戸時代、ひとの金を一〇両盗むと、首が刎ねられたというから、二十両は、大金である。

さらに、慶應三年九月二十六日の日記には、

池田孤村と岡本可敬と近伊、三人で来て、きのふまでとまる。いろいろはなしをする。江戸から大坂への飛脚船の火船が、きのふからはじめてできるといふ。上客で、船賃が七兩ぐらゐときく。よこはまから江戸への火船の運送船もできるといふ。


という記事がある。

池田孤村は、前掲『文久文雅人名録』にも、画家として、その名が見える。また、『武江年表』巻十二に、明治元年（一八六八年）二月〔日欠〕に、六十餘歳で没した、と見えている。

岡本可敬については、未詳。

最後の「近伊」は、十月三日の日記に出る、「近江伊兵衛」であるらしい。国立国会図書館所蔵の「旧幕引継書」中の「諸問屋名前帳」の中に、「近江屋伊兵衛、四谷天龍寺門前家主」という名前を見るが、富裕な書画の愛好家であったらしい。

山梨東嶂・池田以下の三人は、上海からの帰国後まもない吟香に面会し、上海の書画事情について、尋ねるところがあったのであろう。かれらは、物見遊山で、横濱までやって来たとは思われない。

これを要するに、帰国後の吟香は、書画のブローカーとして活躍していたと思われる。

さて、「はまつと」の十月五日の日記には、「こないだから、いろいろきいたうわさをここにかいておく」と前置きして、當時の世相が詳述されている。

江戸で、はたもと、高をはんぶんにせられてこまるといふ。それハ、くばうさまがかミがたへ、ながゝゝいてござるから、だんゝゝびんぼうにおなりなさって、おかねがたりないから、御家來のはたもとの方から、おかりなさるといふわけだと申事。ひったくるといふのでも、とりあげるといふわけでもないが、しやうぐんさまがこまるから、かりるのだといふ事也。それでも、はたもとハ、高を半減にされてハ、さしあたりこまるから、皆はらをたててゐるといふうわさ也。（中略）三百年ちかく太平の世で、たいそうな高をただとって、太平樂をいひちらかして、ゐばって、よいきものをきて、うまい物をくふて、めかけをだいてねてゐたのも、みんな將軍家のおかげだから、いまおびんぼうで、おこまりなさるなら、高をさしあげたいとおもふはづの事だが（ママ）、扨さういふ人ハないものだ。ないはづだ。それでハ、つがふがわるいから。

吟香は、「はまつと」を書いた、慶應三年（一八六七年）十月の時点では、禄高を半減された旗本たちが、将軍家に対する義理を果たさないことを批判的に書いている。かれは、ひとというものは、相手から与えられた恩顧を忘れるべきではないと言っているのである。

それはさておき、旗本たちの禄高半減は、吟香の生活にも、大きな影響を与えたはずである。何となれば、吟香が商う書画の買い手は、ほかならぬ旗本以上のひとびとであったはずであるからである。

二 「もしほ草」

吟香の個人的な動静を示す自筆原稿は、「はまつと」所載の慶應三年（一八六七年）十月八日までは、確認することができる。だが、「はまつと」のこれ以後の記事は、大部分、戊辰戦争の記事に覆われてしまい、吟香の個人的な動向をうかがうことができない。

翌年、つまり慶應四年（一八六八年）になると、吟香の新たな分野における、活躍をうかがうことができる。それは、新聞「もしほ草」の編集である。

もともと、吟香は、新聞の編集ないしは刊行に関して、興味がなかった訳ではない。『呉淞日記』慶應三年一月二十三日の条に、

よる、弘光来ル。新聞紙の事について、相談することありて也。

とある。

これは、おそらく弘光が資本を出して、新聞を刊行する計画だったろうが、その編集については、吟香の協力を求めたということではなかったか。

それはともかく、吟香と弘光の間で、帰国後の生活の設計について、話題がしきりであったにちがいない。何となれば、吟香は、辞書の編纂・印刷が終了すれば、そのままヘボン館での仕事がなくなってしまうからである。

「はまっと」からうかがえる限り、吟香は、上海から帰国直後は、従来の書画のブローカーとして、暮しを維持することができたようである。しかし、慶應三年（一八六七年）。十月二十四日、将軍徳川慶喜は、大政奉還を宣言した。ということは、旗本は、その禄高半減どころか、生活の基盤そのものが消失してしまったのである。当然の帰結として、吟香の書画の売買も「あがったり」になってしまったのである。

だが、慶應四年になると、吟香は、書画のブローカーではなく、新聞「もしほ草」の編集者として颯爽と登場する。

よく知られている通り、この新聞は、表紙中央に「もしほ草」の四字が縦に鎮座し、その上に横書きで、「横濱新報」、またその下に「93　Vanreed」の横文字が配されている。一読、この新聞が、アメリカ人ヴァンリードの経営であることを知らされる。

しかし、その文章を読めば、外国人の手になる文章だとは、だれも信じないであろう。「もしほ草」の文章は、流麗な日本語で綴られているからである。

岸田吟香は、かつて「新聞實歴談」の題名で、『朝野新聞』の記者に語っている。


予のまた発刊せし「もしほ草」（第一號は、慶應四年閏四月）は、最初は、よく売れたれども、予は、京濱間の汽船事業に従事したるを以て、この新聞の編輯を栗田某（萬次郎）に托したり。（石井研堂編、『明治事物起原』所収）

なるほど、「もしほ草」のどこにも、岸田吟香の名前は見出すことができないが、この「実歴談」は、決してうそではないであろう。つまり、吟香は、雇われ編集者であったのである。

では、吟香は、どのようにしてヴァン・リードと接点を持ったのであろうか。この疑問に答えてくれる資料は、残念ながら見つからない。だが、ヴァン・リードが、安政六年（一八五九年）七月、横濱にアメリカ領事館が開設された時、ジョセフ・ヒコと一緒に、アメリカ国旗をたてたことを思い出すならば、吟香は、ジョセフ・ヒコを仲介者として、「もしほ草」の編集に従事することになったであろうことは、十分に考え得ることである。

では、吟香の編輯は、その初篇が刊行された、慶應四年（一八六八年）四月十一日から、いつまで継続されたのであろうか。「もしほ草」そのものから、これに対する答えを取り出すことはできないが、第十七篇（慶應四年）六月十日）が、吟香の筆の最後ではなかろうか。

○よこはまに在留せるアメリカの平文（ヘボン）といふ人は、せかひになだかき名醫なり。このひと、よの貧病人をあはれみ、なにやまひにかぎらず、れうぢをほどこしにせられけるが、なかにも眼病には、れうぢをして、そのうへにくすりまでも、あたへられけり。ふかき仁慈といふべし。このごろ、そこひにはりをして、めのたまのうちのみのやうなるしろきものを、とりたるを見しが、ま事に上手なるものなり。

この記事は、ヘボンの手術室への出入りを許されたものだけが、書き得る記事ではなかろろうか。この一事によっても、吟香は、帰国後も、時折、ヘボン館に出入りしていたことを知ることができる。また、慶應三年一月、吟香が上海で会った、吉田二郎の帰国（第七篇、慶應四年閏四月二十八日）と清水卯三郎の帰国（第十一篇、慶應四年五月十三日）も報じられている。これらの記事が、吟香の筆になることを証明するであろう。

三　稲川丸

「はまつと」に続く、吟香自筆の傳記は、「横濱異聞」（二）である。

この資料は、圓地與志松氏が、『社會及國家』一八四號（昭和六年、一九三一年、七月號）に掲載してくれたものである。なお、「横濱異聞」という題は、圓地氏が便宜的につけたものである。

〔明治二年、一八六九年〕己巳六月十四日、此本をあけて見て、又かきつける事、左のとほり。

おととし（慶應三年、一八六七年）の五月朔日（その実、四月十九日）に、支那の上海からかへり、又去年（慶應四年、一八六八年）正月すぎに、上海へ往〔ツ〕て、三月十日ごろにかへり、そのころハ、官軍、金川まで来りて、江戸にては、徳川慶喜先生、いろいろ天朝へおわびを申て、上野へにげこみ、恭順謹慎をやらかしてゐる時分で、いやはやよのなかもさわがしい事。それから、いよいよ王政御一新となり、ありがたく渡世もできてゐるわけだが、別段ここにかくほどの事もなし。一ツ二ツおもひ出してハ、なとかいておく事。
おととし（慶應三年、一八六七年）の八月おつきみの時は、よこはまにゐて、海屋の二階で月を見た。去年（慶應四年、一八六八年）のおつきみは、どう〔こ?〕やらであった。たしか、江戸へい〔ツ〕てゐたらう。七夕に、江戸にゐた。吉田にゐたが、雨がふった。いせ町のゆへはいりにい〔ツ〕たのを覚えてゐる。（中略）
おととし（これは誤りで、慶應四年が正しい）の九月（ママ）（八月が正しい）のすえごろからか、ふとしたことより、てつづきになりて、今は一株になり、わたくしの家業に成りし、蒸気船の江戸かよひなり。
蒸気船や馬車やなど、いろいろ西洋風の便利の事をまねをする人、あまた出来るは、よい事なり。

「横濱異聞（二）」は、これを序文にして、以後、吟香が、上海から帰国してから、紆余曲折を経て、横濱―江戸間の蒸気船業者になった経過が、事細かに綴られている。全文を紹介したいのはやまやまであるが、事態はやや複雑に過ぎるので、わたくしが、かいつまんで紹介することにする。なお、吟香は、慶應四年の夏頃に担当していたはずの「もしほ草」の編集については、一言の言及もない。蒸気船業にくらべれば、「もしほ草」などは、かれにとり、大した意味のない仕事であったのであろう。

さて、江戸には、本来、開港横濱へ江戸幕府からの荷物を運ぶ、運送方という組織があったが、一昨年（慶應三年、一八六七年）、おそらく幕府の瓦解にともない、横濱奉行所関係の荷物の運送がなくなったので、かつての運送方仲間十人が相談して、荷物だけでなく客も乗せるしごとを始めることになった。

蒸気船は、海岸六番のゲー（アメリカ・ハード商会の支配人、『ザ・チャイナ・ディレクトリ』、一八六七年版）の紹介で、八〇〇〇ドルで、アメリカから買うことにして、手付金一〇〇〇ドルをわたしておいた。それは、一昨年（慶應三年）の十一月二十五日のことで、それから四十五日経てば、つまり、翌年（慶應四年）の正月十日までには、船を引き渡す約束になっていた。その時の「せわ人」は、アメリカ人のヴァン・リードと、日本人では、岸田銀次であった。

ところが、期日になっても、約束の船が来ないので、商売を始めることができなかった。だが、ゲーは、「いながは」という船があるから、それを使えばよいではないか、と言った。だが、その船の値段は、一万三〇〇〇ドルもするので、とてものこと、運送仲間十人では、高すぎて買うことができない。

そこで、吟香は、ヴァン・リードと相談して、（慶應四年、一八六八年）正月廿日ころ、横濱を出発して、二月一日に上海に到着した。上海では、あちこち奔走したが、思い通りの船が買えない。やむなく、同年三月七日に上海を出帆して、同月十日に横濱へ舞い戻ってきた。

ところが、どうであろうか。横濱へ帰ってみれば、「いながは」船はすでに、江戸―横濱間の就航を開始してしまっているではないか。どうして、それが可能であったかというと、当初、「いながは」船は、ヴァン・リードの世話で、その持ち主から、運送方が借りることになっていた。ところが、船の持ち主は、運送方に至急の買取りを要求してきた。そして、それができなければ、船の返却を要求したのである。

当然、運送方は、進退窮まったのだが、ここで、あらたな金主が登場した。それは、當時「にはか分限」

とはやされた、堀留町の丁子屋甚兵衛と和泉町の大黒屋六兵衛であった。かれらは、一万五〇〇〇ドルをぽんと投げ出して、「いながは丸」を買ったのである。もっとも、不運なことに、船は、故障してすぐに、造船所がある横須賀に修理に出さなければならなくなった。

ここでようやく、「横濱異聞」（二）の吟香の筆に戻ることにする。

をりふし、大隈八太郎といふ、なべしまはんの人、天朝の命にて、よこはまへまゐられたり。此人は、この御一新になりて、長崎の判事になりて、かの地へゆかれしに、長崎の奉行の役所にかねが少しもなきゆえ、いろいろせんさくせられしに、旧幕府の奉行役人ども、みなみな江戸へ、その官金をもちにげせしよしを分明にききただされて、そのせんぎ〔に〕まゐられしなり。さて、（慶應四戊辰年、一八六八年）五月の末に江戸へい〔ツ〕て、長崎の官金をよくよくたんさくせられしに、ながさきにしらべやくをしてゐたりし、大坪六左衛門といふものなど、官金を船につみてもちかへりたれど、かくしおく處のなきに、かの大黒屋六兵衛と丁子屋甚兵衛にあづけたるなり。それゆえ、このふねを官府へとりあげられにける也。さて、よこはまの裁判所へ船をバ、あづけられけるに、判事寺島陶藏どのより、おいらに差配を申つけられにけり。

〔慶應四年、一八六八年〕八月の二十九日より、江戸がよひをはじめたれども、船ぢきにそんじけるほどに、十一月のすえに、よこすかの製鉄所へ、修復をしにやりたるが、いまだなをりて来づ。しかし、もう四、五日のうちにできてくるだらう。まことにながしゅうふくだ。ちょうど、九ヶ月かかった。

右の通りの始末にて、いながは船をおいらがものとせしなり。

大隈大藏大輔と申す人ハ、即去年（慶應四年、一八六八年。九月八日、明治と改元）の八太郎どの也。今ハ、四位になりて、會計官也。このごろ、よこはまへきてゐらるるハ、二分金の事につきて也。

長い引用になったが、この記事は、明治二年（一八六九年）七月二十四日の夜に書かれたのである。これによれば、吟香の蒸気船経営は、慶應四年（一八六八年）戊辰八月二十九日に開始され、同年十一月の末までは、順調に営業できたようである。

また、吟香に稲川丸を与えたのは、神奈川判事寺島陶藏であったように読めるが、その実、新政府の大隈重信の後押しも預かって力があったのではなかろうか。

『大隈重信関係文書』第四巻（早稲田大学大学史資料センター編、みすず書房、二〇〇八年）には、岸田吟香関係の書簡が全部で十二通、収められているが、その最も早い日付は、戊辰（慶應四年、一八六八年）五月二十六日である。この書簡には、既に述べた、大黒屋六兵衛や丁子屋甚兵衛等の悪事が暴露されている。

肅啓

昨日者、御出府被遊候由、俄に暑氣甚敷、御途中御難儀、奉推察候。長崎會所之義、もはや御取掛り被遊候哉。大六と申候者、新和泉町に而大黒屋六兵衛と申者に而、元来、相應之身上之者に御座候。

大坪本左衛門之贔屓に而、長崎会所之事に預り、猶々富有に相成申候。丁甚、堀留貳丁目丁字屋甚兵衛。是亦元来富商に御座候処、大六同斷之譯に御座候。

大坪本左衛門此者、徳川氏之俗吏に而、久敷間、長崎調役相勤候由。此人、昨年以来、勘定奉行等と同腹に相成、長崎會所之貸金を私に取捌、右丁甚・大六へ委任致候由、内々承候。（中略）

深川中島町に而、橋本慎吾又は橋本屋金五郎共、此者御呼出し、御尋被成候は々、少し者相分り可申候。當（慶應四年、一八六八年）二月中、小蒸気船壱艘、大六・丁甚之金主に而、外国人より買取申候。是者、江戸横濱之日々往来之船に而、私共も此船之事に相預居候義に御座候。然處、昨年中、江戸人に被頼、此船相求に相談致候處、甚高直に付、別段下直之船、相求候積りに而、私自分に而、上海迄参り、多分之金、相費候處、留守中、此船買入候事に相成、私甚迷惑之至に御座候。御憐察可被下候。（下略）

（慶應四年、一八六八年）五月廿六日

銀次拜送

大隈様

佐賀藩出身の大隈は、他の藩の志士たちとともに、長崎奉行所を接収したが、官金が壱文もないので、その詮議のために、江戸に東上したのである。

なお、『東久世通禧日記』（神奈川県史・資料編・巻一五所収）によれば、

慶應四（一八六八年）戊辰年
五月四日
一　大隈八太郎、到着之由、横濱より申來ル。
六日
一　大隈八太郎來着。

當時、東久世通禧は、開城されたばかりの江戸にあり、その官位は議定職であり、外国事務を取り扱っていたようである。また、大隈の横濱到着は、『東久世日記』が書かれた日の前日（三日）であったであろう。當時の交通事情から推すならば、かれは、長崎から外国船に乗って、横濱に到着したのであろう。吟香の五月二十六日付書簡にある「御出府」によれば、かれは、横濱では、吟香が居候を決め込んでいる、海屋を宿舎にしたものと思われる。海屋は、横濱切っての大店であり、長崎からの官員を泊めることはたやすいことであった。大隈が、そういう事情を理解することができたのは、かつて横濱に住んでいた、弘光ことジョセフ・ヒコが、その頃長崎に転住していたからである。ヒコの長崎行きは、當時、長崎の大商・グラバーが、一家をあげて故郷のスコットランド・アバディーンに帰省したので、その留守番を頼まれたからである。

大隈は決して徒手空拳で、横濱に乗り込んで来たのではなく、長崎で事前にきちんと情報を収集してきたのである。その情報源は、ジョセフ・ヒコであったにちがいない。吟香は、大隈のために、かれが収集した、長崎奉行所関連の情報を、事前に大隈に提供したのである。前掲大隈文書は、別のもう一通の吟香関係書簡を載せている。


（前欠）此千六百両は、昆布之賣代金にて、當（慶應四年、一八六八年）二月五日、アメーヲールスコンパニー輪船ヱ積み込み、七日に出帆、十日に横濱へ着、順叔同道に而、三井へ行申候事。

正月十四日に、長崎奉行・川〔河〕図〔津〕いづ守、幷に支配向之役人、皆々出奔（船に而）、徳川家之者者、宮塚三平壱人残し候由。此時、徳川家者嚴重に御せんさくにつき、三平も出奔致候。其時、此金子、順叔相談に而、持出候事。


この文書は、見られる通りの断簡であり、差出人も書簡の日付も明らかではない。だが、大隈文書の編纂者は、これを岸田吟香文書のうちに含めているのは、発信人を吟香だと考えたからであろう。

まず、この書簡の成立年代については、第一二五代長崎奉行・河津伊豆守の長崎出奔が、慶應四年（一八六八年）正月十四日であることから、慶應四年であることは確かであろう。

八戸順叔は、慶應四年二月、昆布の代金・一六〇〇両を「アメーヲルシュコンパニー」所有の汽船に乗せ、三井〔八郎右衛門〕の店へ運びこんだのである。大隈文書の編纂者は、汽船所有の會社を表記のように記しているが、「アメー（長音）」は、その実、「アメ一（いち）」ではなかろうか。だとすると、「ヲルシュ」は、ヘボンの辞書の出版費用を援助してくれた、「ウォルシュ」商会であると解せられる。また、三井八郎右衛門は、新政府の金庫番であったのは、周知の事実である。

このように解釈すると、岸田吟香は、横濱にやってきた、大隈八太郎に、長崎奉行の公金持ち逃げ事件の顛末を教える一方、他方において、一六〇〇両の軍資金が三井に届けられていることを教えたものと思われる。

さらに、吟香は、當時、ヴァン・リードに編集を委嘱されていた、『もしほぐさ』第十四篇（慶應四年六月二日號）において、

〇ある人の説に、ながさき港は、商法まことによくととのひて、土商・客商ともによろこびあへり。参謀大熊（ママ）氏は、鍋島の人なり。博識英才にて、時勢をさつし、急務をあげ、邪正を糺し、仁慈をほどこせり。支那は、いにしへより、日本と和親の國なれば、別段によきとりあつかひをなせり。これによりて、唐商ども、朝廷のおぼしめしを感戴し、舊弊のあらたまりたるをよろこびけるとぞ。

と記している。

大隈は、吟香の助言や宣伝に恩義を感じて、大黒屋六兵衛や丁字屋甚兵衛が買い取った、稲川丸を官府に取り上げてしまい、その実際の運航を吟香に委ねたのではなかろうか。

さらに、吟香は、戊辰（一八六八年）九月十五日付の書簡で、長崎に戻った大隈宛てに、次のような事

後報告をしている。なお、『東久世通禧日記』には、「（慶應四年）七月廿七日、小松帯刀、明日より上阪。大隈八太郎、同伴事」とある。

肅啓

揖別後、愈々御機嫌能可被遊御座、奉恭祝候。先達而中者、屡奉瀆青照、殊に蒙光顧、難有仕合奉存上候。江戸往返輪船も、八月二十九日より相始、日々百人餘、搭客も御座候。偏亦小生より御礼奉申上候。扨、海屋久次郎義も、追々病気快方に而、日々商法之義に、費神仕居申候。小生も、万端談合仕、商會を確立仕、支那出店之義、廻籌仕居申候。此上、可然様御指揮奉願上候。此度、長崎人元訳官・潁川俊藏、歸郷仕候。御願申上度有之由に而、紹介頼出候に付、乍失敬、以愚札如斯御座候。乍御面倒、一謁御許容奉願上候。　恐々謹言。

戊辰九月十五日　銀次百拝

大隈八太郎様台照

とある。

『海運』三六八號（昭和二十三年、一九四八年、五月）所載の仲島忠次郎氏の論文「開港百年と井伊大老」によれば、「稲川丸」の乗船賃金は、一人一分（一両の四分の一）であった。一〇〇人分の収入は、全部で二十五両になるが、燃料代を差し引くと、実質の利益は、その半分くらいであったろうか。因みに、江戸—横濱間八里を駕籠に乗ると、三両二分であったというから、蒸気船の開通が人気を呼んだであろうことは確かである。

また、吟香は、大隈宛ての書簡中、海屋久次郎の健康に言及しているが、大隈は、長崎で順叔と知り合い、かれの勧めで、海屋を臨時の宿舎に使ったと思われる。吟香は、海屋の居候であったから、ここで大隈と知り合ったのであろう。つまり、吟香は、八戸順叔を介して、大隈と知り合いになったと見ても不可はない。

なお、八戸順叔は、慶應四年（一八六八年）六月（日付未詳）付で、大久保利通にあてて、「御新政之一端に関り候程の當任（ママ）を被命度」と懇願していた（『大久保利通関係文書』第五巻、立教大学日本史研究会、吉川弘文館、一九七一年）が、これは成功しなかったようである。想像をたくましくすれば、かれは、一六〇〇両の献上者であることを「担保」にして、大久保に宛てて、猟官の嘆願書を書いたのではなかったか。

「故大隈侯年譜」（『早稲田清話』、冬夏社、大正十一年、一九二二年所収）によれば、大隈は、「慶應四年（一八六八年）四月十日、横濱裁判所在勤を命ぜられ、赴任」した。一方、『長崎居留地外国人名簿』Ⅱ（長崎県立図書館蔵）所載の「慶應三（一八六七年）卯七月中　外国人・支那人名前取調掛」によれば、「南山手　十六番　英　コロウル（グラバー）借地　亞　ジョーセフヒコ」とあるのが、ヒコの名前の長崎における初出である。當時、グラバーは、兄弟ともども、故郷のスコットランド・アバディーンに里帰り中であった。

もっとも、ヒコの自傳では、長崎移住の年月を、慶應三年一月（新暦であろう）とするが、この時、八戸順叔（弘光）が上海にいたことは、吟香の『呉淞日記』によって確実なので、自傳は、記憶違いであるかのように思われる。だとすると、八戸順叔と鍋島藩の大隈八太郎とは、慶應三年の七月以降、長崎で出会った可能性がある。はじめて、東上する大隈にとり、横濱で岸田吟香に会えることは、心強いことであったにちがいない。

慶應四年（一八六八年）九月十五日付の大隈宛ての書簡で、吟香が海屋に言及しているのは、大隈が海屋に居候している、岸田吟香を訪問したことを、間接的に証明するであろう。

なお、大隈は、明治二年（一八六九年）一月、長崎の地方官から、新政府の「参与職兼外國官副知事・会計官出仕」に栄転しているが、旧長崎奉行所関係者の悪事の摘発と長崎からの一六〇〇両の献金とが出世の糸口になったにちがいない。

大隈と吟香がかなりに親しかったであろうことは、「もしほ草」第十四篇（慶應四年六月二日）の記事からもうかがわれる。

> ○ある人の説に、ながさき港は、商法まことによくと々のひて、土商(とちあきうど)客商(いこくあきうど)ともによろこびあへり。参謀大熊(ママ)氏は、鍋島の人なり。博識英才にて、時勢をさつし、急務をあげ、邪正を糺し、仁慈をほどこせり。支那は、いにしへより、日本と和親の國なれば、別段によきとりあつかひをなせり。これに

よりて、唐商ども朝廷のおぼしめしを感戴し、舊弊のあらたまりたるをよろこびけるとぞ。

さて、吟香の『横濱異聞』(二)は、大部分、稲川丸関連の記事で埋められているのだが、明治二年(一八六九年)七月二十四日の日記の末尾には、吟香の私生活も顔をのぞかせている。この日の日記は、

今夜、もう十二点鐘也。目もしぶし、ねませう。
おかつが東京にをるをおもひて
あはぬひハ　七日ばかりを　あらたまのとしふるごとも　おもほゆるかな

という腰折れでしめくくられている。

わたくしは、この短歌を読むたびに、吟香の純情さに、微苦笑を誘われてならない。何となれば、吟香は、天保四年（一八三三年）の生まれだから、明治二年（一八六九年）にはすでに、数えで三十七歳の中年に達していたからである。一方、花嫁の勝子は、安政二年（一八五五年）の生まれだから、芳紀十五歳に過ぎなかったのである。

後年のことであるが、吟香は、明治二十四年（一八九一年）二月二十四日の日記に、次のように記している。

早川久満が葬式に會せんとて、鐵道馬車にて、上野の三橋まで行き、夫より、山を通り抜けて、谷中に至る。二時頃、神葬祭にて、柩を送り来る。祭主は、鴻　雪爪と云ふ人也。式終りて、墓に埋むるに、予ハ、久しき友なれバ、殊に悲しく、涙さえこぼれぬる。扨も不思議なるハ、この久満を葬りたる墓の所ハ、昔し、此久満が年久しく住ひたりし、觀成院の境内にぞありける。予も、土などはふりかけて、立わかれて歸りぬ。哀れなることなり。夕かた、家にかへりて、妻にも物かたりて、去ル明治二年（一八六九年）の五月に、妻と共に、此人の處に忍び居たることなど、想ひ出で、哀れを催しけり。

これにより、吟香の結婚は、明治二年五月であったことが知られる。「妻と共に、此人の處に忍び居たる」の語から、吟香と勝子は、所謂「駆け落ち」をしたことが知られる。なお、觀成院は、寛永寺の三十五あった支院の一つであり、戊辰の上野戦争の時にも焼け残ったのである。

後年、岡山縣旧西山町出身の岡野増次郎氏は、雑誌『日本及日本人』第三七五號（昭和十八年、一九四三年、八月）に「東亜先覺の巨擘　岸田吟香翁」を掲載して、吟香の結婚を次のように記している。

勝子嬢は、横濱海岸通り、海産物問屋・小林屋の箱入り娘であった。翁は、驀然に、天真の美貌であった、この可憐嬢に生涯を契るべく、魂を打込んだのは、寧ろ尤も千萬であったが、小林屋の方では、當時漂浪漢であった翁に、勝子嬢を渡すことは、なかなかに承知しなかったので、翁は丁度、横濱本町五丁目の伊勢屋（平蔵）の二階に、太平樂の酣夢を貪って居った時、一夜、屋根伝いに、小林屋の倉庫に忍び込み、勝子嬢を無理やりに舁ぎ来り、世に謂ふ證券印紙を貼った後で、先方の承諾を得るといふ、非常手段に成功し、徐に世間に披露したのであった、と云ふことであった。

吟香の伝記には、武勇伝がつきものなので、わたくしは、その一つとして紹介してみたのである。その実、二人は、手に手を取り合って、寛永寺の支院の早川氏を頼ったのであった。早川氏は、観成院の「用部屋」という役職をしていたので、ひと一人をかくまうくらいの裁量権があったのであろう。

さて、明治二年（一八六九年）の吟香はすでに、横濱―江戸間の飛脚船の経営者になっており、「漂浪漢」などではなかったのは、言うまでもない。

吟香・勝子夫妻は、子福者であり、男女七名づつの子宝にめぐまれた。

岡野氏は、若年の時、銀座の樂善堂を訪ねたことがあった。その時、吟香は、「平生、家に在ても、夫人を呼捨てにすることなく、『お勝ちゃん』又は『女將さん』の敬称を用いて、訪客をして、往々翁の愛妻主義の半面を感ぜしめた」と記している。

四　蒸気船業の終了と美作への帰郷

吟香の汽船業は、明治五年（一八七二年）の初夏に終わりを告げた。この年の九月、新橋―横濱間に鉄道が開通したからである。

『東久世通禧日記』（『神奈川県史』資料編　巻十五所収）慶應〔四年〕戊辰八月二十九日の条によると、かれは、「八字、（江戸）乗船、十二字、横濱着船」と記している。當時、江戸―横濱間の蒸気船の乗船時間は、四時間を必要としたのである。一方、明治五年九月十三日に開通した、新橋―横濱間の所要時間は、わずかに一時間であった。吟香が、蒸気船の先行きに見切りをつけたのも当然であった。

それでは、吟香は、再び窮地に陥ったであろうか。ところが、吟香には、救いの神が現れたのである。それは、北海道開拓使の蒸気船買い上げである。

『海運』五二二號（一九七一年三月）所載の松本一郎氏の論稿「明治初年北海道開発と船舶」によると、吟香の持ち船・稲川丸は、明治五年（一八七二年）五月、一万二千両で、開拓使に引き取られている。ただし、『開拓使日誌』第九號（『日本初期新聞全集』巻三十七所収、ぺりかん社、一九九二年）には、

○五月十日
イナガハ船、免状寫
船　名　　イナガハ
価　　金　一万二千両
船賣主　　横濱辨天通一丁目
〔永〕樂千代八郎後見

権名　半治

と書かれている。売主は、「權名判治」となっているが、これは、明らかに偽名である。そのような作為が必要であったのは、吟香が稲川丸の所有者になるには、大隈八太郎や寺島宗則の後押しがあり、吟香は、無償で蒸気船の入手に成功したのである。だから、これを売却する時、吟香のみが「濡れ手で粟」の利益を得たことを、公文書で発表するのは、はばかりがあったにちがいない。売主の姓名が、「權名半治」になっているのは、こうした事情によるものであろう。

ところで、『横濱毎日新聞』明治四年（一八七一年）八月十七日號所載の「元本町一丁目改四丁目　芝居町角　フランスコンシュル向　岸田銀次」の広告によれば、「蒸氣　イナガハ船　ひる二字出帆」「朝九字　フンジン丸出帆」とある。つまり、明治四年八月當時、吟香は、江戸通いの上り下り、二隻の蒸気船を所有していたのである。二隻目の船を買う資金は、稲川丸がかせぎだしたのだと見て、不可はないであろう。残念なことに、開拓使は、「フンジン丸」を引き取らなかったらしく、『開拓使日誌』には、この船の名前を見ることはできない。しかし、才覚に富んだ吟香のことだから、この船もしかるべき値段で、どこかに売り抜いたにちがいない。明治五年の夏、吟香は、蒸気船の売却により一躍、大金持ちになったのである。

さて、圓地與志松氏がわれわれに提供してくれる、『横濱異聞(二)』に続く、吟香自筆の資料は、「歸省日記」(『社會及國家』第二三五號所収、昭和十年、一九三五年、十月）である。

この日記は、題名はおろか、執筆の年月を示す記述さえもがないので、圓地氏は、あれこれ推量したあげく、これを明治四年のものと判断された。だが、わたくしは、これを明治五年（一八七二年）のものだと判断する。

日記の冒頭には、もともと「二月」の二字があったのであるが、吟香は、この二字の上に、「是ハ三月也」、また、その下に、「とかいたのはハ誤也」と書き加えをしている。本人の訂正である以上、これを信用するのが至当であろう。だが、日記を読んでゆくと、この訂正は、吟香自身の記憶ちがいではないかと思われる。

まず、某年二月十七日の条に、

夜、千村五郎來ル。同道して、山の四十八番、バラの講堂に行く。

と書いてある。

まず、千村五郎（文化四年、一八〇七年―明治二十四年、一八九一年。『日本キリスト教歴史大辞典』、教文館、昭和六十三年、一九八八年）は、幕末維新の英語学者にして、クリスチャンである。そして、バラとは、アメリカのオランダ改革派教会派遣の宣教師、ジェイムス・ハミルトン・バラ（一八三二年―一九二〇年）その人である。

『キリスト教人名事典』（日本基督教団出版局、一九八六年）によれば、かれは、「明治五年正月（一八七二年二月）より、日本人の初週祈祷会を指導し、同年三月十日、横濱日本基督公会を日本人十一名と共に設立、仮牧師となる」。また、バラの学校は、山の手の一六八番にあった（『横濱山手』、鳥居民、草思社、一九七七年）。吟香が記す二月十七日は、西暦では、三月二十五日に相当するのだが、この日は、日曜日ではなくて、月曜日である。この点、いささか疑問が残るのであるが、吟香たちが、遊びでバラの学校を訪ねたとも思われない。吟香は、この頃すでに、キリスト教徒になっていたのではなかろうか。それに、吟香は、明治三十八年、一九〇五年、六月七日に没しているのであるが、その葬儀は、キリスト教式で執行されたのである。

また、吟香の「歸省日記」が明治五年のものだと思われる、第二番目の資料は、「歸省日記」二月二十八日の

　　肥後より、清正公の木像を持来。今日、奮迅丸にて東京へ送ル。

という記事である。

『武江年表』明治五年（一八七二年）二月二十八日の条にも、

　　肥後國熊本より、清正公等身像、大川端濱町二丁目、細川侯藩邸へ着す。品川宿より、小網町行徳河岸へ着、上陸して、本町通、濱町河岸通より、邸内へ入る。

とあるのも、「歸省日記」と符合する。

明治四年（一八七一年）七月、廃藩置県が断行されて、熊本藩は消滅した。熊本藩初代の加藤清正の木像もその居場所を失ってしまい、東京の細川護久の邸宅に引っ越さざるを得なくなったのである。『武江年表』の著者・齋藤月岑（文化元年、一八〇四年―明治十一年、一八七八年）は、「ご時世かな！」の嘆を発したのではなかったか。

それはさておき、清正公木像の東京への輸送は、吟香の汽船業の最後の仕事ではなかったか。

最後に、もう一つ、「歸省日記」が明治五年の執筆であることを証明する、証拠がある。それは、「歸省日記」そのものは、某年の四月十九日から始まり、翌月の六日で終わっているのだが、吟香は、ある月の朔日に、「けふ日食なり」と書いているのである。

『日本・朝鮮・中国　日食月食宝典』（渡邉敏夫、雄山閣、昭和五十四年、一九七九年）には、明治五年（一八七二年）六月六日の日食が記録されている。日本は、この年を限りとして、明治六年から陽暦を採用するのだが、明治五年陽暦の六月六日は、まさしく陰暦の五月朔日に相当するのである。

なお、「歸省日記」は、日食のあった前月の四月十九日の横濱出帆から始まるのだが、『横濱毎日新聞』第四〇九號（明治五年壬申、一八七二年、四月二日付）によれば、「太平海飛脚船」（太平洋蒸気船会社）が横濱から兵庫（神戸）・長崎を経由して上海まで、月三便（四月には、十日、十九日、二十六日）の運行が予告されている。そして、四月二十日の新聞には、十九日（陽暦五月二十五日）の運航は、もはや示されていないから、吟香の乗った船は、「太平海飛脚船」であったことが知られる。
これから、「歸省日記」を読んで行くことにする。

（明治五年四月）十九日　二字頃、船乗込。六字頃、出帆。浦賀にて、日くれ。〇井上大藏大輔・益田徳之進と會食。

明治五年（一八七二年）當時、大藏大輔の地位にあった井上氏とは、明治の政治家・井上馨（天保六年、一八三五年―大正四年、一九一五年）そのひとである。また、益田徳之進は、後年の益田孝（弘化四年、一八四七年―昭和十三年、一九三八年）である。

益田は、佐渡の相川の出身であり、幕末、横浜で「相川屋」という商店を経営したり、「アメ一」こと、ウォルシュ商会（『和英語林集成』出版の援助者でもあった）の番頭を務めたことがあるから、吟香は、益田とは横濱で知り合ったのだと思われる。

なお、吟香は、益田徳之進などと、気軽に呼びすてにしているが、その実、益田は、明治五年（一八七二年）の四月八日に、造幣權頭（大藏省四等出仕）に任ぜられている。造幣局は、當時も、大阪にあったが、その長は、お雇外国人のイギリス人・キンドルであった。かれは、有能ではあったが、傲慢でもあった。そのため、日本人の役人としばしば衝突した。そこで、大藏省を預かる井上馨は、英語に堪能で、外国人の気質をも知り抜いた、益田孝を造幣局の日本側責任者として抜擢したのである。そこで、かれをキンドルに紹介するために、大阪に同行したのである（井上馨の伝記『世外井上公傳』第四編「維新参政時代」）。なお、井上の當時の役職は「大輔」（次官）であり、大臣である「卿」ではなかった。だが、当時の大蔵卿・大久保利通は、岩倉使節団に随行して外遊中だったので、「大輔」の井上馨が実質的な大蔵大臣であったのである。つまり、吟香は、一国の大蔵大臣と食事を共にすることができるほどの人物になっていたのである。

太平海飛脚船（太平洋蒸気船会社）は、アメリカの汽船會社だから、さぞかし立派な食堂の備えがあり、吟香は、大蔵省の高官ともども、豪華な夕食を楽しんだにちがいない。

ここで、吟香の「歸省日記」に戻ることにする。

（四月）二十一日、七字頃、神戸に入港。

神戸で発行されていた、英字紙『ザ・ヒョウゴ・ニュース』（一八七二年五月二十九日号）の「船舶情報欄」によれば、太平洋蒸気船会社の「オレゴニアン」號（一六一五トン）は、五月二十五日（陰暦四月十九日）に横濱を出港し、二十七日（陰暦四月二十一日）に神戸に入港している。また、到着の乗客名簿には、「イノエ　ブンダとその妻」が記載されているが、益田も吟香も「その他一二〇名の日本人」の中に含められてしまっている。また、大蔵大輔・井上馨は、まだ、以前の「聞多」のままであったのが面白い。

大阪に行くべく、井上と益田が神戸で下船したには、理由がある「オレゴニアン」號は、神戸・長崎を経由して上海に行く長距離船だったのである。だから、神戸から大阪の天保山に行くには、小型の蒸気船に乗り換える必要があったのである。

さて、吟香は、神戸で偶然、備中・下加茂のひと、片山重太郎と出会い、岡山へ同船することをすすめられる。片山は、オレゴニアン號で神戸にやってきた知人を迎えにきたのであった。吟香は、井上・益田には、置手紙を残しておき、また、横濱（お勝）へも郵便で書状を出しておき、二十一日の十二時過ぎに、神戸を離れる。

「歸省日記」には、岡山への道中の記事もある。

三字ごろ、須磨の浦にかかる。猶こぎゆけバ、平氏のかまへたる行宮のあとあたりも見ゆ。義經がさかおとしにて名たかき、ひよとりごゑも手にとるばかりにちかし。双眼鏡を出して、ここそこ見つつ行く。

この記事によれば、當日、吟香は、洋服を一着に及んでいたのだと思われる。何となれば、和服に双眼鏡は、似合わないからである。

岡山には、翌日（二十二日）の十二時頃に到着した。

四月二十二日の十二字頃、岡山に到着。

岡山は、藩主・池田章政（天保七年、一八三六年—明治三十六年、一九〇三年）が、廃藩置県により、東京移住を命ぜられ、その家臣たちの家・屋敷も、町人・百姓に売り払われてしまい、市内の荒廃は甚だしかった。吟香は、横浜（お勝）へやる手紙を書き、郵便に出す。それから、故郷の坢和(はが)への土産の用意をする。吟香は、約二十年ぶりの帰省なので、さぞかし、たくさんの土産を買い込んだにちがいない。

その夜は、岡山市内にある、片山重太郎の親類の家に泊めてもらう。

四月二十三日、吟香は、人力車に乗って、岡山を出発する。明治になってから開発された人力車は、ここ岡山にも普及していたのを知ることができる。

吉備津の宮の前を通り、足守では、吟香は、人力車から駕籠に乗り換える。おそらく、これから先は、山道にさしかかるので、人力車の通行は不可能なのであったろう。吟香は、人並みはずれた巨漢であったそうだから、駕籠屋は、さぞかし苦労させられたにちがいない。

いよいよ備前を離れて、備中に入ると、ほどなく黒谷に着く。

吟香は、「ここハ、わが母のうまれ玉ひし里なり。その家ハ、たかき處にありて、城のやうにかまへたり。その家の下に、わが弟・虎十郎すめり。立よりて、しはらく物かたりしてわかれぬ」と記している。

虎十郎と、城のように構えた、母の実家との関係は、不明である。あるいは、虎十郎は、この付近の農家に、婿養子に入ったのかもしれない。

加茂の片山重太郎の家まで行って、そこで泊めてもらうつもりであったが、途中で日が暮れてしまい、広面というところで、貧しい民家に一夜の宿を借りる。

二十四日、ふたたび駕籠に乗って、旅をつづける。さらゐのという處に、弟・元助がいるので、よびに行ったが、途中でかれに出会って、「久しぶりのものかたり」をする。この日は、三納谷という處に住む、旧友の家に泊まる。

二十五日、駕籠に乗り、さらに北上を続ける。

美作と備中とを分ける、旭川を渡れば、美作の入口である栃原に着く。この栃原こそは、吟香の生まれ故郷・大瀬毘への入口なのである。ここから先は、しばらく吟香の筆にまかせることにする。

あちこちの家々より、人々たちいでて、無事の歸省を祝しけり。

岸田文太郎の宅にて、酒のミて、ここを出て、大瀬毘へといそぎけるに、くるひだといふところまで、舎弟熊次郎・助三、その外、むかしの友人ども、打〔ち〕つとひて、むかひにきたりけり。

舊宅に入れば、老母、いとすこやかなるさまにて、ゐ玉へり。親属・舊友ども、おのおの無事の面會を祝して、たがひにうれしなミだにくれにける。

さて、おもてに立出て、そこら打ながむるに、城山の古木のさまなど、是までもたびたび夢にも見けれバ、此度も又、夢にハあらさるかとおもふもことわり也。

およし（妹）来る。よもすがら、酒などのミあかして、さわぎののしりける。

廿六日
父の墓・祖母の墓にまゐる。世におはせし時の事、おもひいでられて、涙にむせびける。さて、ミちすがら、ここそこ打〔ち〕見るに、あすこハ、小兒の時、なにをしてあそびし、ここにてハ、いかにありしなど、むかしをおもひ出られて、草木さへ、なつかしくおもはる。
けふも、内にハ、人々あつまりて、酒などのみけり。
光本吉太郎（ママ）・とら来る（筆者注「とら」は、吟香の伯母。安政二年（一八五五年）、吟香が病身を寄せた家である）。
廿七日
ミやげものを、人々にわかつ。
廿九日
けふハ、もはやかへらんとて、十一字頃、人々にわかれをつげて、立〔ち〕いずるに、老母・舎弟等ハ勿論、親類・舊友どもいづれも、わかれをしみて、袖をしぼらぬハ、なかりけり。
鳥首にて、父の御墓にまゐりて、さて、ここにて人々にもわかれけり。ただ、舎弟熊次郎と、てらいともだちの和三郎のミ、かごのわきに付て、鳳字の峠といふ所まで、送りに來にけり。わかれかねて、なきけるも、あわれなりや。（中略）
ひのくれがたに、やうやう坪井にいたる。安藤善一に、久しぶりにてあふ。

安藤善一についてはすでに、「美作の吟香」の項において、すでに紹介ずみであるが、ここで再度、一言しておくことにする。

安藤氏は、文化十四年（一八一七年）の生まれであるから、天保四年（一八四一年）生まれの吟香よりも、二十四歳もの年長である。かれの住む美作坪井は、吟香の生家がある大瀬毘同様、三洲擧母藩の飛び地であり、安藤家は、あちこちの飛び地をたばねる大庄屋の地位にあった。それもあって、吟香は、幼少の時から、善一の庇護を受けていた。おそらく、かれが大瀬毘から津山に出ることが可能になったのも、さらにまた遠路、江戸に出ることができたのも、善一の助力があったものと思われる。

後年、明治十四年（一八八一年）、吟香は、善一を銀座の樂善堂に数ヶ月間滞在させ、友人の画家を招いて、善一の肖像画を描かせている。画幅には、吟香自ら画賛を加え、多年の善一の愛顧に対して、深甚なる謝意を表している。優雅な和服に身を包んだ、安藤善一は、なかなかの美男である。

それはさておき、吟香は、明治五年（一八七二年）四月二十五日に大瀬毘に帰省し、同じ二十九日に故郷を離れている。一方、吟香は、同年四月二十九日から五月四日まで、坪井に滞在している。大瀬毘の滞在が四泊五日であるのに対して、坪井での滞在は、一日多い五泊六日である。こうしてみると、吟香の帰省は、大瀬毘で老母の顔を見るだけでなく、坪井で安藤善一に会うのも、大きな目的であったことが知られよう。

吟香は、安藤と何を語りあったのか、「歸省日記」には、それを知る手がかりは、ほとんど無いに等しい。

ただ、五月四日の日記には、「安藤にゆき、養蠶・牧牛の事などを相談をして」いるに過ぎない。察するに、世界に窓を開いている、横濱住いの吟香は、善一に対して、養蚕や牧畜を勧めていたようである。

吟香は、五月四日のうちに、坪井から津山に入り、旧知の画家・塘芳艸（天保六年、一八三五年―明治十二年、一八七九年。岡山文庫二五一『作州画人伝』、竹内佑宜、日本文教出版、平成二十年、二〇〇八年）と旧交を温めている。

吟香の「歸省日記」は、安藤が坪井から津山まで出てきて、

六日　雨ふる。安藤と物産の事を談じ、商社を定むるを談ず。

の記事で、出し抜けに終わってしまう。

だから、吟香が津山からどういう経路で岡山に戻り、また、岡山から横濱にどのようにして戻ったのか。更には、明治五年の後半、横浜で何をしていたのか、それを教えてくれる資料は存在しない。

やや、不確かな資料ではあるが、横濱の英字紙『ザ・ジャパン・ウィークリ・メール』一八七二年七月六日號所載の到着乗客名簿には、「エノヤ・ブンダ」の名前を見る。しかも、その性別は、ミセスとなっているのである。ひいき目にみれば、「ミセス」は「ミスター」の誤りであるのかもしれない。

吟香の『歸省日記』には、吟香は、神戸で、井上馨（聞多）と益田徳之進（孝）に置手紙を残していた。あるいは、置手紙は、帰りの便船の打ち合わせであったかもしれない。

英字紙の「エノヤ・ブンダ」は、神戸を七月一日（和暦五月二十六日）に出発し、同月三日（陰暦五月二十八日）に横濱に到着している。かれが乗った船は、来た時とおなじ、太平洋郵船會社所属の「ニューヨーク」號であった。

横濱に戻った吟香は、何をしていたのであろうか。それを教えてくれる資料は存在しないが、吟香は、持ち船二隻を売却した金があるので、生活に困ることはなかったであろう。

第六章　明治初年の吟香

一　目薬「精錡水」と樂善堂

明治年間を通じて、岸田吟香の名を最も高からしめたものは、目薬・精錡水の製造・販売であったろう。かれは、長文の「目薬精錡水効驗書」を執筆して、その効能と、かれ自身との関わりを記録している。これは、宮武外骨が編纂した『文明開化』第二巻「廣告篇」（半狂堂、大正十四年、一九二五年）に収載されているが、その原文は、『東京日日新聞』、明治八年（一八七五年）十月二十三日から同月二十六日まで、四日間にわたって連載された（『岸田吟香―資料から見たその一生』杉浦正、研文書院、平成八年、一九九五年）。

その末尾には、「明治八年九月十五日記　東京銀座二町目壹番地　日報社北隣　精錡水調合所　岸田吟香敬白」と記されている。

明治八年（一八七五年）は、吟香が従軍記者として、臺灣にでかけた、その翌年であることも注意しなくてはならない。

森銑三氏は、次のような「新聞広告」と題するエピソードを紹介している。

岸田吟香が東京日日新聞に入って間もなく、臺灣出兵（明治七年、一八七四年）に従軍して、その通信を寄せたのが大いに受けたので、社では、それをねぎらふ意味で、社の株を一株送らうとしたら、吟香はそれを斷つて、株なんぞ貰つたつて仕方がない。それよりもおれのとこの藥の廣告を、一年間ただで載せて貰ひたいといつた。お安い御用だと、その廣告を續けて出したら、何しろ賣藥が新聞廣告をすることなど、一向にしなかった時代だったものだから、大いに効果があって、精錡水は、そのために販路を拡張した。（中略）こんな話が、日日新聞〔大正〕十一年（一九二二年）四月二日號附録の「日日マガジン」に出てゐる。（森銑三著作集　続編　第十一巻、中央公論社、一九九四年）。

吟香自身、東京日日新聞の明治八年（一八七五年）十月二十三日號に、

吟香、拜、御免ください。私は、編輯長を止めましたから、久しく御無沙汰をいたしました。近ごろは、印刷の手すきに、もつぱら目藥精錡水の賣り弘めをいたしております。春ごろ、横濱から尾張町二丁目へ引越しましたが、このたびまた、銀座二丁目一番地日報社の隣へ、新たに煉化石屋を建築いたしまして、近々に引移り、精錡水は勿論、そのほか養生食品ならびに、方今諸大醫の調合せられたる、諸病の妙薬類を取り次ぎ、賣り弘める積りでござります。（下略）

と記している。

一読、明治八年（一八七五年）頃、吟香は、新聞記者と売薬業の「二足のわらじ」をはいていたことが知られる。また、吟香が、横濱から銀座に転居したのが、明治八年の四月頃であったことも知られる。

吟香は、銀座の店舗を「樂善堂」と命名した。樂善堂というのは、清の高宗乾隆帝（一七一一年―一七九九年）

の書室の名称でもあるが、吟香がそれを意識していたかどうかは定かではない。

樂善堂は、瓦葺きの二階建てで、銀座でも異彩を放つ、大建築であった。『東京商工博覧繪』（深満地源次郎編、明治十八年、一八八五年）によれば、屋根の上に「精錡水」の大看板が鎮座しており、階下の樂善堂は、大きく四つに仕切られている。向かって右側の三ブロックは、薬房であり、一番左側の一ブロックが書房であった。

二階のバルコニーからは、「三薬（りういん薬〇つうじ薬〇おぎなひ薬）」「精錡水」「鐵飴箭」「潤肺露」「薬しやぼん」の立て看板が据えられている。

書房の方には、「醫事捷徑」「錦次箋」「東京玉篇」「清國地誌」「詩法纂論」等の書名が書かれた下げ札を見て取ることができる。

吟香の書斎は、二階右端の一番大きな部屋であった。

明治二十六年（一八九三年）一月にものされた、田崎草雲の「訪樂善堂戯画繪巻」（『明治の傑人　岸田吟香』所収）によれば、吟香は、テーブルと椅子の洋風の生活をしていたようである。また、壁には、暖炉が切られていたから、當時としては、考え得る限りの豪華な邸宅であったことが知られる。

吟香は、この樂善堂を根拠地にして、精錡水を主力商品として、巨利を博するのであるが、その手法は、新聞広告を徹底して活用することであった。銀座に転居するその前年にも、目薬の広告を、『東京日日新聞』に載せている。同紙、明治七年（一八七四年）十二月七日の「報告」（広告）欄には、この御めぐすりは、米国の名醫平文(ヘボン)先生より傳授せられたる、我が一家の妙方にて、世間にありふれたる賣藥の類にあらず。十余年前より、横濱に於て売り弘め、その効驗あることは、久しく世に聞えて、既に支那國上海よりも、年々注文多い（中略）靈藥なれば、江湖おおくの眼病人を救わんがために、このたび盛大に賣り弘めんと、近日の内に、この東京新聞日報社の近傍に開店いたすべく候間、もし取次小賣なされたき御方には、御來議くだされべく候なり。効能並びに用方は、追つて再報仕るべく候。

日報社にて　　岸田吟香

とある。

ここでは、二つのことに気づかれる。その第一は、明治七年（一八七四年）十二月七日の時点では、「御めぐすり」には、まだ名前がないことである。つまり、「御めぐすり」に「精錡水」という名前がつけられたのは、明治八年に入ってからであることになる。その二は、「日報社の近傍に開店」したのは、明治八年になってからであるということである。

また、吟香自筆の広告によれば、横濱での「賣り弘め」が「十餘年前より」となっているのも、注意が引かれる。明治七年は、西暦一八七四年に相当する。その十年前の一八六四年は、わが元治元年に相当するが、それに「餘年」となると、その正確な年代の確定に困難が生じてしまう。事実、吟香の「目薬精錡水功驗書」の「來歴」には、次のようにある。

○元治元年（一八六四年）四月、予、眼病を煩らひ(ママ)、江戸にていろいろ療治を盡したれども、更にその効なき折から、或る人申すには、「此節、横濱に在留せる、美国(アメリカ)の医師ヘボン先生は、日本には、殊に眼病人の多きことを見て、何とぞ、是を救はんとて、朝八時より十時までの間、日々眼病の療治を施さるるに、一人として、全快せざる者なく、其効、實に神の如しと聞けり。速かに行て、療治を乞ひ玉へ」と勧(すす)められ、夫より直に駕籠に乗りて、横濱に至り、翌朝、ヘボン先生の舘に至りて、診察を受けしに、即チこの精錡水を一二滴づ々眼中に点(さ)されたりしが、其日、旅宿(やどや)に帰りて臥したりしに、其日の夕かたに至り、眼中、大に痒味を覚え、其翌朝に至り、兩眼に多くの眼脂(めやに)を生じたり。冷水を以て、是を洗ひ落し、眼を開けば、大に爽涼なる心地せり。此朝も又ヘボン先生の醫舘に至り、療治を受け歸りしが、夫れより僅かに七日ばかりにして、全く平癒せり。予、この時、すでに眼病に苦しむこと一月餘にして、心中甚だ是を憂ひ、若し明を失ふに至らば、讀物(よみもの)は勿論、すべて人間の樂事、七八分を失はんと嘆息し居たる折からなれば、其嬉しさ、実に譬ふるに物なし。（下略）

つまり、元治元年（一八六四年）四月、吟香は、眼病を患い、はじめてヘボンに診察を願った年なのである。だから、吟香が、この年に、精錡水の販売を開始したはずがない。吟香の回想には、時として、このような時系列に関する誤りがあるので、われわれは、注意を要する必要がある。

もう少し、「功驗書」を読んでみよう。

○慶應元年（ママ）（一八六五年）九月、和英語林集成の編纂も、漸やく出來上りたるを以て、余、遂にヘボン先生に從ツて上海に至り、滬城の小東門外なる美華書舘に在りて、是を刊行し、翌慶應二年六月（ママ）に至り、全く業を卒りて、再び先生と共に歸朝せしが、夫より、予は、江戸と横濱の間を往返（いきかえり）する、乘り合い蒸氣船の業を開かんと、専ら其事に力を盡せり。然るに、予が曽て長くヘボン先生の處に在りしを知る者多きを以て、余に精錡水を求むる者、少なからず。依て、此歳の八月に始めて、此めぐすり精錡水を製して、之を發賣（うりいだ）す。（下略）

この文章にも、いくつも事実と相違する点がある。

まず、吟香が、ヘボンに同行して、上海に行ったのは、慶應元年ではなくて、慶應二年（一八六六年）の九月であり、帰朝したのは、翌慶應三年の四月なのである。そして、吟香が、横濱―江戸間の蒸気船業を始めるのは、更にその翌年の慶應四年（一八六八年）の八月である。従って、吟香が精錡水の発売を開始するのは、慶應三年八月であるはずがない。

では、吟香が最初に目薬を発売したのは、いつなのであろうか。管見した限り、それは、明治四年（一八七一年）八月のことではなかったか。

『横濱毎日新聞』明治四年（一八七一年）八月十六日號に、「御めぐすり」と題する広告がある（『日本初期新聞全集』、第三二巻所収、ぺりかん社、平成二年、一九九〇年）。いま、広告の全文を原文通りに再録すると、次のようになる。

御めぐすり
この目薬は、アメリカの名醫
ヘボン先生より傳法の良剤
にて世にありふれたる賣薬
の類にあらす効能ハのうが
きにくわし
大瓶　代金壹朱
小ビン　同四百五十文
賣弘所
蒸氣船屋
岸田　銀次

この新聞広告は、明治四年（一八七一年）八月十六日から、一週間も連続して掲載された。それは、新発売の目薬を、読者に強く印象づけるためであったにちがいない。

吟香は、すでに述べたように、慶應二年（一八六六年）九月から同三年（一八六七年）四月まで、上海に滞在していたことがあるから、かれは、當時、上海で発行されていた新聞を見て、広告の有用性を実感したはずである。何となれば、當時の新聞、たとえば『ザ・ノース・チャイナ・ヘラルド』は、一面の「船舶出入港情報」を除けば、ほとんど紙面の全部が広告で占められていたのである。『横濱毎日新聞』も、その体裁を真似たから、その紙面のほとんどは、広告であったのである。

さて、吟香は、「ヘボン先生より傳法」と書いているが、それは、果たして事実であったであろうか。わたくしは、それは本当であり、ヘボンもまた事前に、吟香の目薬の製造・販売を承認していたと信じる。というのは、この広告が出た時、ヘボンは実際に、横濱に住んでいたからである。

ヘボン夫妻は、この年（明治四年、一八七一年）の十一月六日（陰暦九月二十四日）、『和英語林集成』の第二版の出版のため、横濱から上海行きの太平洋汽船「オレゴニアン」號に乗ったからである（『ザ・ジャパン・ウイークリー・メール』、一八七一年十一月九日号、『日本初期新聞全集』第三二巻所収、ぺりかん社、平成三年、一九九〇年）。

すでに見たように、ヘボンは、『和英語林集成』の初版が完成した時、上海で、吟香に謝礼として、五〇ドルをわたしていた。一見すると、この金額は、少額に過ぎるように思われる。しかし、當時、ヘボンが、アメリカの傳道會社から支給されていた月給は、一一〇ドルに過ぎなかった。また、かれには、初版が売れるかどうかの確信もなかった。そもそも、辞書を出版することができたのは、横濱のウォルシュ商会（「アメ一」）の義援があったからである。しかし、結果的には、辞書は、羽が生えたように売れて、かれは、妻のクララに、心づくしの一〇〇〇ドルを贈ることができたのである。

一方、吟香が横濱に住んで、苦闘を続けていることも、ヘボンには分かっていた。それで、吟香が、目薬の製造の許可を求めた時、ヘボンは、それを喜んで承知したであろう。まして、吟香は、『横濱毎日新聞紙』上で、精錡水の発売開始を公言したのである。ヘボンの目に触れないはずがない。つまり、吟香は、ヘボンの承諾を得てから、「御めぐすり」の製造・販売の広告を開始したのであると見て不可はないであろう。

二　「精錡水」の原義

ここで、吟香が「御めぐすり」を「精錡水」となづけた含意について考えておくことにする。

吟香が名付けた目薬を、漢字で「精錡水」と書かれると、ひとは、あまり疑問を持つことなく受け入れることができる。しかし、一歩立ち止まって、この漢字の意味を考えてみると、ひとは、これに対して明確に答えることは、なかなかに困難である。

「精」は、目薬に対する美称であると見ることもできよう。だが、難解なのは、「錡」の一字である。中国最古の字書は、後漢の許慎（約五八年—約一四七年）が著わした『説文解字』であるが、これには、

　　錡、江淮之間、謂釜・錡。

とある。

江淮というのは、長江と淮河を指しており、今日の江蘇省の北部をさしている。つまり、「錡」というのは、このあたりの方言だというのである。また、『説文解字』には、後代、多くの注釈が書かれているが、それらを総合すると、「釜」というのは、足のない釜のことであり、「錡」は、三本足がある釜であるという。つまり、漢字の「錡」には、本来、目薬に関連する意味は、まったく存在しないのである。

では、吟香は、一体どうして、この文字を選んだのであろうか。わたくしは、「錡」は、吟香の當て字ではないのかと思っている。そもそも、吟香が『説文解字』を読んだことがあるという保証はない。かれは、この文字には「奇」という「つくり」がついていることから、それは薬の「奇功」につながると考えたのではなかろうか。また、「金偏」をつけたのも、この文字に箔をつけるという目論見があったのではなかろうか。

という次第なので、日本人は、さんざん「精錡水」の三字を読まされているので、あまり違和感を持たないが、漢字の国・中国では、通用させるのは難しかったらしい。

上海最大の新聞であった『申報』の一八八〇年（明治十三年）五月二十二日號には、樂善堂薬房の広告が載せられている（初出）が、大きく見開かれた左目の上下に、「東洋眼藥」「神効　光明精琦水」という文字が刷られている。管見した限りでは、吟香は、日本における広告では、左目の挿絵を使っていない。つまり、吟香は、精錡水が目薬であることを中国人に分からせるために、この挿絵を使ったのであろう。また、精錡水の前に、「光明」の二字を置いていて、これは「はっきりみえる」という意味であろう。さらによく見ると、『申報』の広告では、「錡」の字のカネヘンを「琦」とギョクヘンに置き換えている。つまり、吟香は、「精錡水」では、中国人に通じないと判断したのであろう。

そもそも、吟香は、違和感なく、自分の造語をひとに押し付ける、名人であったようだ。すでに、『東京日日新聞』の明治八年（一八七五年）十月二十三日の精錡水の宣伝の冒頭には、「拜、御免ください。私は、編輯長を止めましたから、久しく御無沙汰をいたしました」とあった。普通のひとなら、「はい」または「ハイ」と書くべきところを、吟香は、素知らぬ顔をして、「拜」と書くのである。しかし、誰一人として、「そんな日本語は存在しない」などと文句を言わない。また、かれの広告の中には、「五座ります」が多用されるが、一見しただけで、「ござります」と理解されてしまうのである。これに対しても、誰ひとりとして、「そんな日本語の書きようはない」と、異議申し立てをしないのである。それを可能にしたのは、ただ、「吟香のお人柄」としか言いようがない。

因みに、日本で最初に編纂された、国語辞典『大言海』（大槻文彦著。初版、明治二十四年、一八九一年、四月）を引いてみると、「せいき」には、

正気　一　至大・至高なる、天地の元氣。
　　二　忠・孝・仁・義等の立つ所以の精神。浩然の氣。

生気　一　気（イキ）ありて、生きてあること。

盛気　盛んなる気力。さかんなる勢。
精気　一　タマシヒ。精神。
　　　二　物の純粋なる氣。
清暉　きよき日の光

などが列挙されている。

どれを選ぶかは、読者諸賢の好みにまかせなくてはならない。これを要するに、わたくしは、吟香とつきあうには、洒落を解さなくてはならないと思うのである。

なお、明治二十三年（一八九〇年）、參天製薬が「大學目藥」を発売すると、精錡水は、これに圧倒されてしまう。「大學目藥」は、眼鏡に顎髭をたくわえた、外国人の肖像画を用いたのである。つまり、外国人の博士が、研究開発した目薬だと、宣伝したのである。日本人も中国人も、難解な精錡水よりも、大學目薬の方を選んだということであろう。

なるほど、精錡水が、樂善堂の主力商品であったのは、確かである。だが、吟香は目薬ばかりを卸売りしたのではない。特に、宣伝につとめたのは、「補養丸」「鎮溜飲」「穏通丸」の三種であり、これらを総称して、「樂善堂三藥」と言った。

三　楽善堂三薬

吟香は、精錡水と三薬との宣伝用に、錦絵の書き手・小林永濯（天保十四年、一八四三年―明治二十三年、一八九〇年）と小林清親（弘化四年、一八四七年―大正四年、一九一五年）とを起用した。これらの多色刷りの錦絵は、『明治の傑人　岸田吟香』（豊田市郷土資料館、平成二十五年、二〇一三年）に六ページにわたって、収載されているので、読者諸君は、とくと鑑賞あれ。

「樂善堂三藥」の大要は、以下のようになっている。

「補養丸」には、「精根養なひ、元氣を養ふの良藥なり。性質（うまれつき）の弱き人、またハ、病後、産後の肥立かねたるによし。婦人、ちのミちに妙なり。持藥として、常に用ゆれバ、一生無病にて長命なること、受合なり」。

「鎮溜飲」には、「りうゐんの妙藥なり。胸隔（むねさき）を開き、脾胃を健（すこや）かにし、食物のこなれを能（よく）し、氣力を益（ます）の効能あり。食物（くいもの）あぢなく、常にむかむかして、胸（むな）ぐるしく、折々苦（にが）き水を吐きなどするに用ひて、尤も功あり」。

「穏通丸」には、「つうじの御藥なり。胸つかへ、腹はり、食物すすまず、何となく心地あしき時、この薬を用ゆれバ、忽ち毒を下し、逆上（のぼせ）を引下げ、腹中を掃除して、氣鬱を開き、熱を醒ますこと、神の如し。」

御目薬精錡水　本家　東京銀座二丁目

岸田吟香　謹白

なお、當時、錦絵は、極めて高価であったから、宣伝用に配布したのではなくて、客寄せとして、取次店の店頭に飾られたものではあるまいか。

この項を閉じるに際し、吟香の商売上手に言及しておきたい。

すでに述べたように、吟香が目薬の新聞広告を載せたのは、『横濱毎日新聞』の明治四年（一八七一年）八月十六日であった。そこには、「大瓶」「小ビン」という文字が印刷されていた。現代のわれわれには、ガラス瓶などは、別にめずらしくも何ともない。だが、今から一五〇年も前に、水溶液の目薬をガラス瓶に入れて売るなどは、とても常人の思いつくことではなかった。おそらく、吟香は、慶應年間に上海に滞在していた時、ガラス瓶を目撃したのであろうが、それを薬瓶にしようなどとは、誰もが思いつくことではない。當時の日本人は、ガラス瓶入りの目薬をハイカラなものと感じたにちがいない。

次に、吟香の商売上手は、明治初年に陸続と刊行された、新聞紙を広告の媒体したことである。これにより、目薬「精錡水」の広告は、日本全国に行き渡ることになった。

第三には、「精錡水」を自ら販売するのではなく、代理店・特約店を募集して、本店「樂善堂」から目薬を卸売りしたことである。この方法は、代金の回収に難があることはあったであろうが、自ら支店を開設することの費用負担を避けることが可能であったのである。
吟香の頓智は、二重・三重であったと言っても過言ではない。

四　『東京日日新聞』と臺灣従軍

明治初年の岸田吟香に関して、多くの傳記作者は、明治七年（一八七四年）の臺灣事件において、吟香が、日本初の従軍記者になったことに言及するのが常である。そして、かれの従軍記事は、『東京日日新聞』紙上に発表されたのである。

ところで、『東京日日新聞』は、明治五年（一八七二年）二月二十一日に創刊された。創立者は、條野傳平（戯作者山々亭有人）、西田傳助（貸本屋の番頭）、落合芳幾（浮世絵師）の三名であった（北根豊氏、『日本初期新聞全集』第三五巻、ぺりかん社、一九九一年）。

『明治維新人名辞典』（吉川弘文館、昭和五十六年、一九六一年）には、「條野傳平」の見出しはなく、「山々亭有人（さんさんていありんど）」となっている。かれの雅号は、「さんざんでありんす」とも読める。こんなふざけた名前の人物が、社会を啓発する任務を持つ、新聞を刊行するなど、到底考えることができないかもしれない。もっとも、この戯号には、幕末から維新に至るまでの、かれの身分の変遷がこめられているのかもしれない。

だが、ひとはみかけによらず、かれには、『近世紀聞』（金松堂、明治十九年、一八八六年）という歴史書がある。この本は、嘉永六年（一八五三年）のペリー来航から明治十年（一八七七年）の西南戦争にいたるまでの、當時の現代史が書かれている。注目すべきは、この本の活字本には、勝海舟が、題字「歴覧千載書、時々見遺烈」を寄せていることである。また、條野は、明治七年（一八七四年）に、『（改正新刻）東京町鑑』を出版しており、その表紙には、西村茂樹（文政十一年、一八二八年―明治三十五年、一九〇二年）の揮毫があるのである。つまり、條野傳平（一八三二年―一九〇二年）は、それなりの見識と社会的な評価を得ていたひとであったことが知られよう。

もっとも、條野が執筆したのは、『近世紀聞』全十二編のうちの最初の一編に過ぎず、残りの全部は、染崎延房（文政一年、一八一八年―明治十九年、一八八六年）が執筆したようである。

事実、『書物展望』第二巻八号」（昭和七年、一九三二年、八月）に載せられた、鈴木行三氏の論考「染崎延房」によれば、染崎自筆の「覺書」には、「（明治八年、一八七五年）十月十日、一金　六圓二歩（ママ）　近世紀聞（五編の三の巻）」とあるとのことである。『名人忌辰録』（関根只誠、吉川半七刊、明治二十七年、一八九四年）によれば、かれは、「對州嚴原藩士」であったという。染崎が士分であったとすれば、條野もまた、士分であった可能性がある。明治維新になって、士分でなくなってしまったからには、その生活は、「さんざんで」あったのかもしれない。

さて、あらたに新聞を創刊しようとするからには、「発刊の辞」に類したものがあるべきであるが、今日に残存する第一号には、それがない。しかし、『日本初期新聞全集』第三五巻（ぺりかん社、一九九〇年）には、

「東京日日新聞　従第一號至第十號」と題する資料が収載されており、以下の文字を読むことができる。

一　東京日日新聞　　毎日出版　壹枚摺　定価　百四十八文

報　告

新聞紙の世用に緊要なる、更に縷述せずと雖も、今者、我日報社　官許を蒙り、刊行する新聞紙は、今日見聞する事、其夜に草し、之を翌日午後第一字より、左の売捌所及各書房取次所に於て発賣す。迅にして、便なるを要する也。則其日の陰晴、風雨寒暖の度を表するは、各自日乗（かくじにっき）の労を省くに足るへく、物價の高低を表するは、商法の輸贏（そんとく）を計るに足るへく、御布告等を載るは、各守る處と奉する處を反覆するに足るへく、農事工業新説の考案、新技の発明を著すは、経営理産（いとなみかせぎ）、聞見を拡むるに足るへく、巷談街説及其日の記事、江湖（よのなか）の叢話、比喩（ひゆ）の理言より、各地の奇聞、傍ら外國新聞とも、資て有益となり、報して廣覧に備ふへきは、盡く掲載して遺すなきを旨とし、虚誕の説、浮漫の談は、禁する事とす。伏て冀くは、四方の諸君子、競て尊覧を垂れ、其遺漏あると、別に新聞あるとは、恵賜せられて、此社を補助するあらは、幸甚也。

本局　元大阪町新道　　日報會社

思うに、この「報告」は、本来、第一號に載せられていたのだが、『東京日日新聞』が第十號に達した時、第一號から十號までを、一冊に装幀し直して、再度、発売した時に、再録されたものだと思われる。

それはさておき、この「報告」を一読する時、その文章のよさは、今を去る約一五〇年前のものとも思われず、今日でも十分に通用する、達意の文章である。また、條野傳平の筆名がかもしだす、戯作者流の「ふざけ」もない。

「報告」の文中に、「官許」の二字があるように『東京日日新聞』は、大蔵省の認可を得た新聞であった。というのも、明治元年（一八六八年）六月十日、明治新政府は、太政官布告を発して、事実上、新聞の発行を禁止した。當時、江戸の新聞の多くは、幕臣によって発行されたものが少なくなく、薩長連合の新政府の政策を批判したからである。

だが、大蔵省は、新政府の基礎が固まったこともあり、政府の政策を宣伝する媒体として、新聞を逆に利用しようと試みた。

事実、大蔵大輔・井上馨は、明治五年（一八七二年）三月二十七日、次のような布告を発したのである。

新聞雑誌（後の『東京曙新聞』。主宰・木戸孝允）
日報社新聞（『東京日日新聞』）
横濱毎日新聞
右三種、内外の事蹟新聞暢達し、勉職・進歩の一端にも相成候に付、毎日或は二日を一率とし、各府県へ相渡候條、此段相達候也。
（明治五年）壬申三月廿七日　大蔵大輔　井上　馨

『東京日日新聞』の発行元、日報社はすでに、この布告の約一ヶ月前に『東京日日新聞』を創刊したばかりなので、この大蔵大輔布告が経営の安定に寄与したであろうことは疑いがない。

岸田吟香の『東京日日新聞』への入社

では、吟香がいつ、『東京日日新聞』と関係を持つに至ったかについては、いろいろと考えてみなくてはならないことがある。

吟香は、明治三十一年（一八九八年）六月十五日の『東京日日新聞』紙上に「東京日日新聞縁起」と題する一篇を寄せて、次のように記している。

> 明治六年（一八七三年）秋、余、關西より歸るに當り、日報社より頻りに、余の入〔ツ〕て、主筆たらんことを求めて止まず。然るに、余、微恙ありて、伊香保の温泉に遊びしが、九月中旬に至りて歸京し、遂に其請を諾し、入りて、日日新聞の編輯に從事せり。

と述べている。

では、吟香は、どのようにして、『東京日日新聞』と関係を持つようになったのであろうか。

われわれはここで、吟香がかつて、武州羽生出身の清水卯三郎と親しかったことを思いださなくてはならない。

石井研堂氏は、『改訂・増補　明治事物起原』の第八編「新聞部」において、

又、その頃、瑞穂屋卯三郎氏（今も本町三丁目にあり）、佛国の博覧会より、脚踏機械及び平假名の活字を買求めて歸朝したり。（中略）ある時、日日新聞社にて之（活字）を用ひ、脚踏機械にて印刷したれども、體裁面白からずとて、止めたり。

と記している。もっとも、「その頃」と言っても、『もしほ草』第十一編によれば、清水卯三郎は、慶應四年（明治元年）五月七日に、すでにフランスから横濱に帰っていた。

また、『東京日日新聞』の二十一號（明治五年三月十二日号）には、清水卯三郎の投稿、「海外新報　アラハマ船の話」が載っている。さらには、吟香の「横ハマ岸田銀治うしより送られし書中に云」が載るのは、三十五號（三月二十七日号）になってからである。岸田吟香が、東京日日新聞と関係を持つようになったのは、清水卯三郎の仲介があってのことだと思われる所以である。

さて、岸田吟香が東京日日新聞において、いかなる健筆を揮ったかについては、それを証拠だてる資料は、それほど多くはない。というのは、當時の新聞記事は、その筆者の姓名を明示することが、極めて稀であるからである。

その稀有な例が見られるのは、吟香の臺灣従軍（明治七年、一八七四年）記事と明治天皇の巡幸同行記事（明治九年（一八七六年）と同十一年（一八七八年）である。

吟香の臺灣従軍

まず、吟香の臺灣従軍記事について述べるが、その前に、吟香が臺灣に行くことになった経緯について、述べておかなくてはならない。

すでに述べたように、『東京日日新聞』の創始者・條野傳平の仕事のうちに、染崎延房との共著『近世紀聞』（金松堂、明治十九年）があった。その第十二編巻三に、臺灣事件の顚末が、比較的要領よく述べられている。

明治七年（一八七四年）の四月に至り、我が軍艦を臺灣へ差向けらるるの事件起これり。什麽（そも）、臺灣と言へる地ハ、支那の福建省泉州府なる、厦門港の東南に當れる、則ち一大島にして、此島、東部西部と別れ、西部ハ人気も開けたれど、東部ハ無下の野蛮にて、倘（もし）旅船など過つて、這地（この）に漂着する時は、土人等荷物を奪取り、甚だしきは乗客を殺して、肉を喰ふといふ。然るに、明治四年（一八七一年）の冬、我が琉球船漂流して、此東部の地に到りしを、土蕃等、是を劫かして、殺さるる者五十四名。又、六年（一八七三年）の三月には、〔岡山〕小田縣下の住民四名、此島に漂着して、倶（とも）に暴害せられたり。此事、瑣末に似たれども、國威に關するのみならず、向後、彼地を航海する者、斯（かか）る兇暴の所爲に遇ひ、屡非命に死せん事を朝廷に於て憂慮せられ、副島〔種臣〕全権大使を以て支那へ談判の云々に依り、西郷〔従道〕陸軍中将を蕃地事務都督とし、陸軍少將谷干城、海軍少將赤松則良の両氏を始め、逞兵すぐって三千餘人、肥の長崎に集合あり。此所にて軍議決定の上、則ち〔明治七年、一八七四年〕五月二日より、追々崎陽を発船して、臺灣の地へ着岸ありし。（中略）五月二十一日より、生蕃の地へ兵を進め、山野を猟（あさ）りて巣穴を探るに、蕃夷は、例の狙撃をなすより、躬方（みかた）に負傷ありしかとも、前後三回の襲撃に総の賊巣を焼払はれしに、凶悪極まる蕃夷等も尚山深く逃入て、一時ハ、影を躲（かく）せしかと、遂に飢渴に迫るよりして、彼熟蕃の酋長に就て、降伏の旨を乞ひ、我が軍門におのおの來りて、齋（ひと）しく罪を謝したるハ、七月一日の事にして、蕃地も平定に及びし。

ここでようやく、『東京日日新聞』の岸田吟香に関する記事を見ることができる。同紙明治七年（一八七四年）四月十三日号には、次の記事を見る。

本日、記者岸田吟香、汽船「ヨークシヤ」號に乗じ、品海を発して臺灣に向いて去れり。そもそも、臺灣の地、生蕃の境は、風教の行われざる地故、這回、事務の貴顯数名、發向有らせらるる上は、必ず數件の異聞奇事あるは論を俟（また）ざること故、弊社よりわざわざ出願して、今日の擧に及べり。不日、該境に達せば、風俗事情は元より、見聞の及ぶ所、ことごとく捜索探討して、號を逐（おい）て信報すべし。すなわち、この一款を以て、臺灣信報の第一號とす。

この記事は、岸田吟香そのひとの筆ではなく、『東京日日新聞』編輯部における執筆ではなかろうか。

さて、『東京日日新聞』に「臺灣信報二號」が掲載されるのは、明治七年（一八七四年）五月六日號である。これには、「四月廿三日附　途中長崎よりの報知」という但し書きがついている。一號の刊行から遅れること、約三週間、しかも、吟香は、まだ臺灣には到着してはいず、なんと長崎に逗留している始末である。

これには、いろいろ理由があった。その第一は、吟香が、品川から搭乗した「ヨークシャー」號は、その名称からもわかるように、英国の船籍であった。當時、イギリスは、局外中立を宣言していたので、長崎以遠への運航を拒否したのである。

長崎逗留は、吟香にとっては、さしたる利害はなかったものの、窮地に陥ったのは、「臺灣征討御賄方御用達」大倉喜八郎である。何となれば、「白米・味噌・醬油その他、鶏卵・菜蔬の類まで、ことごとく東京より仕入れ来たりしに、南方の地は、暖気早くして、菜蔬の類、多くは船中にて腐敗せり」だからである（臺灣信報六號）。

吟香たちを乗せた、蒸気船「たかさご丸」が長崎を出帆したのは、ようやく五月十七日になってからである。そして、吟香が臺灣最南部の車城付近に到着したのは、五日後の五月二十二日であった（臺灣信報十三號）。

吟香は、臺灣到着後はおおむね、車城付近に設けられた、「本営」に滞在し、各地で行われた戦闘の模様を伝えている。だが、日本軍が敵としたのは、ほとんどすべてが山岳民族（「某社」と呼ばれていた）

であり、しかも分散・孤立しており、その数も十八の多きにのぼっていた。その規模はと言えば、わずか数一〇〇人の少数から、最大の「牡丹社」は、三〇〇〇人もあり、その総数は、二〇万人にも達していた（『郵便報知新聞』明治七年（一八七四年）四月二十三日號）。しかも、かれらは、山地に住んでいるので、攻撃するのも一苦労ではなかった。吟香は、かなりに詳細に戦闘の模様を記しているが、読まされる方としては、聞いたこともない地名を追いかけることを余儀なくされる。

『東京日日新聞』は、吟香が制作した臺灣最南部の地図を、明治七年六月三十日號になって、ようやく掲載してはくれたが、これを頼りにしても、當時の戦闘の詳細を理解するのには困難を感じないではいられない。もっとも、戦争の最中にあって、地図を書くことができる、吟香の才覚には、ひたすら敬服するしかない。

吟香は、臺灣南部西海岸の本営にばかりいたわけではない。『東京日日新聞』明治七年七月七日號、臺灣六月十七日発の「臺灣信報廿二號」の記事は、以下の通りである。

　六月十六日、岸田吟香は、内山生蕃の地より、本營に歸れり。その山川の略圖・物産の訂考等は、未だ筆録に暇あらずして、この回の郵船に送るあたわず。

　岸田吟香、生蕃の地を經過せしに、途中、或る渓流を渡らんとて、股引を脱ぎ、靴を取りて、まさに水中に歩し入らんとする際、たちまち一人の土人來り合せて、背負い渡らんと云う。これを謝し斷れども、強いて進むる故、その背に乗らんとすれば、渠（かれ）、力弱くして立つことあたわず。ついに、笑い止む。けだし、土人、元より力弱しといえども、吟香また、常人よりはなはだ肥大なればなり。（吟香自注　今春、目方二十三貫ありし）（中略）写真師・松崎晋二、石門に至りて、その全景を寫せり。また、石門より少し奥なる、牡丹生蕃の入口を寫せり。その景中に立ちたるは、岸田吟香なり。

この現地住民が、巨漢の吟香を背負えなかったという話は、日日新聞の創始者の一人にして、挿絵画家の落合芳幾の絵心をよほどに刺激したらしく、落合は後日、この日の記事を素材にして、錦絵を描いている。錦絵には、「吟翁の同社の硯友、轉々堂（高畠）藍泉」が解説文を執筆している。

なお、同行の松崎晋二は、陸軍省お雇の写真師であり、「征討」の実況を撮影するために、新聞記者の吟香と一緒に、「牡丹社」の入口まで出かけたようである。

六月十六日から数日後に、吟香は、臺灣から帰国の途に就いた。

『東京日日新聞』明治七年（一八七四年）七月十日號には、「臺灣信報」廿三號が載せられている。

（六月）二十日、有功丸出帆に付き、急に船に乗る。（中略）廿一日、夜八時過ぎ、鷄龍（基隆）港に入る。

さらに、七月二十四日号には、

本館（『日日新聞』）より、新聞探報のために臺灣へ派出せし、岸田吟香は、風土の異なるによりて、ついに病を得たれば、かかる大熱の蕃地に長く留るべからざるよし、軍醫・桑田氏の勸めによりて、前月廿日、かの地を出立し、その後、長崎にありて、療養すること十數日、それより京攝間を遊覧して、頃日、本館に歸着せり。

と、吟香のその後の動静が詳述されている。

吟香が「たかさご丸」で、長崎から臺灣・車城に到着したのは、明治七年五月二十二日であった。そして、かれが臺灣を離れたのは、六月二十日であった。だから、かれの臺灣滞在は、実質、一ヶ月に満たなかったのである。とは言え、かれが、「日本最初の従軍記者」の栄誉を与えられるのは、当然であろう。

『東京日日新聞』の明治七年初春の発行部数は、数千部に過ぎなかったが、「臺灣信報」掲載と同時に、一万部をはるかに超えたという。

さて、『東京日日新聞』明治七年（一八七四年）八月十二日號の奥付には、「編輯　岸田吟香」の名前を見ることができるから、この頃には、吟香が帰社していたことが知られる。

五　御巡幸録

「御巡幸録」（その一）

明治天皇は、明治初年、何度も巡幸を繰り返した。

その第一回は、明治五年（一八七二年）の五月から七月までである。伊勢・京都をはじめとして、九州・四国を巡幸した。第二回は、明治九年（一八七六年）の六月から七月までであり、東北地方を巡幸した。第三回は、明治十一年（一八七八年）の八月から十一月にかけてであり、信州・北陸地方を巡幸した。第四回は、明治十四年（一八八一年）の七月から十月にかけてであり、奥羽・北海道を巡幸した。そして、わが吟香は、第二回と第四回の巡幸に随行し、『東京日日新聞』に詳細な随行記事を発表した。

吟香による最初の記事は、「御巡幸ノ記」と題されていて、その下に、双行で、「第一報八月」「卅日浦和發」と割注が加えられ、最後に「岸田吟香報」という署名が加えられている。當時の新聞記事に、記者の署名があるのが、目新しく思われる。

吟香は、ほとんど毎日、目新しい記事を書き綴っている。

（明治九年、一八七六年）七月十二日

午後一時すぎ、〔青森県〕三本木駅を御立ありて、午後一時半ごろ、元會津藩士族・廣澤安任の牧牛場に御小休ありて、牧牛馬を天覧あらせ玉ふ。此の牧牛場ハ、明治五年（一八七二年）の頃より開きたる由にて、亞米利加種の牛、百八十疋何れも能く肥太りて、毛艶美しく、五歳ぐらゐより、當才子までにて、馬も皆洋種なりと、那須參事より一々言上せられしかバ、殊の外、叡感あらせられ、安任を御前へ召さる。（右の安任ハ、十八年前に、昌平黌にて、吟香と螢雪の窓を同じうせし友なれバ、この夜、わざわざ尋ね来り（ママ）、聖恩の辱きを感涙と共に語りたりき。）

一読、今を去る、百五十年前の文章とは思われぬ、流麗な言文一致体である。吟香は、上海で書いた『呉淞日記』よりも一段と腕を上げたように思われる。當時、言文一致体の文章を書くひとが少なかった時代、こんな文章が書けた吟香の才知には、ただただ敬服せざるを得ない。

惜しむらくは、吟香が、十八年前の安政五年（一八五八年）、廣澤安任と「昌平黌にて、螢雪の窓を同じうした」と書いていることである。當時、昌平黌に在学した学生たちの姓名を記した、『書生寮姓名簿』によれば、會津藩主・松平肥後守の家来、廣澤富次郎（天保元、一八三〇年―明治二十四年、一八九一年）は、安政五年（一八五八年）に入寮、文久元年（一八六一年）、舎長のまま、退寮している。一方、吟香は、安政五年、藤森天山塾の塾生に過ぎなかったのであり、『書生寮姓名簿』には、その名を見ることはできない。もっとも、昌平黌には、「日講」という制度があり、身分に関係なく聴講することができたから、吟香が廣澤安任と出会った可能性がなくもない。

それはさておき、この「御巡幸ノ記」には、明治天皇の日々の動静のみならず、吟香自身の東北地方における見聞もふんだんに載せられており、一篇の読み物になっている。

たとえば、同年七月十五日には、青森で、弘前の東奥義塾の生徒が、天皇の前で、演説「ハニバル士卒を勵すの辞」と頌歌「青森へ御着輦を祝する文」などを歌った。歌の方は、英語で歌われたそうである。

「御巡幸録」（その二）

吟香は、明治天皇の第二回（明治九年、一八七六年）東北巡幸に続いて、第三回目（明治十一年、一八七八年）の信州・北陸巡幸にも同行し、『東京日日新聞』に「御巡幸の記」を連載した。今回の随行記には、廣澤安任のような、かつての知人との再会の記事がなく、一読、平板な印象をまぬがれない。『東日七十年史』（昭和十六年、一九四一年）の「岸田の御巡幸の記」の項においても、

　當時の記事は、実に、〔岸田〕翁一代の大文章と申してもよからうと思ひます。殊に、西京からの歸途、雨中に函山を越えた記事があり、三河で川留めに逢うた景況を叙した名文があります。就中、函山の記事は、その靈妙の筆致、字句の外に溢れて人を驚かしたので、福地〔源一郎〕氏の如きも、これを読みし際は、卓を打つて激賞措かざる程でありました。

と書いている。

『東日七十年史』が話題にしている、吟香の箱根越えに関しては、「御巡幸の記」第六十八報「（明治十一年、一八七八年）十一月六日　豆洲三島駅発」に予告されている。

○明日は、箱根山の險路なり。午前六時半の御發輦と仰せ出だされる。御馬車はみな人夫に引かせ、人力車は、空車にして、後押しと綱引を入れ、都合三人にて、小田原まで持ち越させ、人は駕籠にて、

小田原まで遣ることと、今夜御極まりになりしとか。何分にも、雨の止まぬに困却せり。

この日の日記により、わたくしは、かなりに蒙が開かれた。

まず第一に、明治天皇は、「御馬車」を召されていたことである。當時の錦絵を見ると、「御馬車」は、それまで日本人が見たこともない、二頭立てのハイカラな造りである。車輛に鎮座ましましている天皇は、見物の日本人が見たこともない、洋装を召されている。随行の政府高官もまた、同じように、洋服姿である。また、これらの人々を護衛する兵士は、いずれも騎馬にまたがっていて、軍服仕様の洋服を着ている。これに対して、行列を見物する人民は、伝統的な和服を着たままである。かれらは、駕籠に乗った大名行列を見たことはあるものの、西洋風の騎馬行列は、夢想だにできぬ華麗さであったろう。この洋風の行列は、日本人に、確かに世の中が変わったことを印象づけるに十分であったちがいない。

ところで、わが吟香は、何に乗っていたのであろうか。そうだ、かれは、人力車に乗ったにちがいない。そう言えば、明治五年（一八七二年）、吟香が約二十年ぶりに帰省した時、かれは、最初、岡山から人力車に乗り、途中で駕籠に乗り換えたのであった。日本においては、明治の初年、人力車は、驚くべき速さで、全国に普及したことが知られる。

さて、明治十一年の「御巡幸の記」第六十九號は、當然の事ながら、「十一月七日、相洲小田原發」となっているが、この日の記事は、前日の一・五倍の分量があるしまつである。

十一月七日。雨。

午前六時三十分、三島行在所、御發輦あらせらる。（中略）吟香は、是まで駕籠にて度々しくじりたれば、此度の御巡幸には決して駕籠には乗るまじと、予てより覺悟を極め、碓井峠を始めとして、倶利伽羅峠も下り、立ちて歩行（あるき）たるに、今日の箱根山中は、雨中と云ひ、長道なれば、迚も歩行はむずかしからんと、通運会社に至り、大きさうなる宿駕籠を借り、輿丁三人を雇ひ、其内に卍字なりに屈り込む。（再略）三島駅のはづれの橋を渡るなるべしと思ふ間もなく、駕籠は、逆さまに向くやうにて、頭よりも膝の方が高くなる。兎角して、二時ばかりに、箱根の町に至る。ここははや、神奈川縣下なりと云えば、故郷に帰りたる心地して、苦しき内にも嬉しく覺えて、蔦屋と云ふ小家に駕籠を横付けにさせて、漸う漸う匍匐ひ出でぬ。

以上は、『東日七十年史』が激賞した、吟香が駕籠に乗り、艱難辛苦、雨中の箱根越えをした一文である。一方、吟香は、明治十一年（一八七八年）十一月十一日、『東京日日新聞』の紙上に、「岸田吟香拜啓」と題する広告を出している。

私こと、此たび御巡幸に御供いたし候に付、御道筋に近き、精錡水・三薬の御得意様方へは、一々御挨拶に御立寄り申すべくと、兼ねては存じ奉り候處、何ぶん忽忙の途中にて、風と御宅を見落し、御尋ねも申し上げず、失敬仕候だん、甚だ殘念に存じ奉り候。依て、此だん新聞を以て皆々様へ御詫びを申し上げ奉り候。悪からず思召し被下候様に奉希上候。東京樂善堂ニテ。

なお、この広告には、洋服を一着に及んだ太兵肥満の吟香が、その左手に「精錡水」を持ち、右側にシルクハットを置いた、挿絵が添えられている。

吟香は、一面、「御巡幸の記」を物しながら、もう一面では、地方のお得意様めぐりをしていたようである。

第七章　上海樂善堂

一　上海進出の動機

岸田吟香は、明治十三年（一八八〇年）三月に、上海のイギリス租界・河南路に樂善堂支店を開店した。だが、吟香の中国進出のもくろみは、一朝一夕のものではなかった。早くも、慶應四年（一八六八年）五月十六日付の大隈重信（當時は、「八太郎」）宛ての書簡（『大隈重信関係文書』第四巻所収、早稲田大学大学史資料センター編、みすず書房、二〇〇八年）は、

粛啓
昨日者、御出府被遊候由、俄に暑気甚敷、御途中御難儀奉推察候。長崎會所の義、もはや御取掛り被遊候哉（中略）。

と書き出されている。

ここで少し注釈を入れさせてもらうと、江戸幕府最後の長崎奉行（第一二五代）・河津伊豆守は、慶應四年（一八六八年）一月十五日未明、イギリス船に便乗して、長崎を脱出した。その結果、長崎奉行所は、土佐藩の佐々木三四郎（後に「高行」）を中心に、佐賀藩の大隈八太郎たちも加わって、長崎奉行所を接収し、新たに「長崎会議所」を設置した。これらの志士たちが、旧長崎奉行所を調べてみると、金庫の中には、一銭も残されてはいなかった。そこで、大隈が、江戸に出張して、事情を調査することになったのである。

書簡冒頭の「出府」とは、慶應四年（一八六八年）四月十一日に、東征大総督・有栖川熾仁が江戸城を

開城して、新政府を設置した「大総督府」（旧江戸城西の丸）を指すものと思われる。大隈は、當時、まだ江戸に官邸がなかったので、横濱から江戸に通っていたように思われる。大隈が、横濱の宿所にしたのは、吟香が居候を決めこんでいた、海屋久次郎邸であるように思われる。

なお、『東久世通禧日記』（『神奈川県史』資料編第十五巻所収、一九七三年）によれば、

慶應四年（一八六八年）五月四日
一　大隈八太郎、到着之由、横濱より申来ル。

同六日
二字登城
一　大隈八太郎来着。宇和島より文通持参。

とある。當時、東久世通禧は、維新政府の「議定」の要職にあり、新政府の外交事務を取り扱っていた。なお、吟香の同年五月二十六日付の書簡によれば、大隈八太郎は、横濱から江戸へ通っていたらしい。

話が先走ってしまうきらいがあるが、大隈が、横濱の海屋をめざすことができたのは、吟香の親友・八戸順叔（慶應四年の春、横濱から長崎に移住していた）の示唆によるものと思われる。大隈は、この海屋で吟香から、江戸や横濱に関する政治・経済状況に関する情報をたっぷりと仕込んでから、江戸の大総督

府に通っていたと思われる。

　さて、吟香書簡に見える「長崎會所」とは、徳川幕府が、元禄十一年（一六九八年）に、長崎に設置した海外貿易のための役所であり、この年から、オランダ・中国との貿易は、万事、この役所を通じて取り扱われたのである。だから、吟香書簡にある、「長崎會所」とは、その実、横濱に「国営の貿易機構を設置せよ」という意味であろうと思料される。

　書簡の末尾において、吟香は、再度、「長崎會所」に言及する。

　兼て申上候、支那國貿易商法之義、幷に金錠之義、猶委細可奉申上候心得に御座候。且又長崎會所之義者、如何にも横浜港江御取建被遊候義、可然様、奉存上候。此義者、猶御高評拝聴之上、愚意も可奉申上候。先者、取急。草々頓首。
（慶應四年）五月廿六日
銀次拝草
大隈様

　また、同年（明治元年、一八六八年）の年末、長崎に戻った大隈宛ての書簡は、

（前略）前日、山口〔尚芳か〕様・江藤〔新平か〕様（二人とも佐賀藩士）迄、一書を奉差上候。支

那通商之義に付、愚見之處相認候、拙稿に御座候。如何御評決に相成候哉者不存候へ共、書中、縷々説及候は、眼前莫大の御國益を、擧而西洋商人之手に委し候而者、誠に可惜之至御座候間、一日も早〔く〕、上海通商御開被為在度と申上候義に御座候。猶、種々申上度策も有之候へ共、御東下之日を奉期候。

歳杪多忙、忽々布字失敬、御海涵奉祈候。頓首。

岸田大郎再拝

大隈八太郎様台展

横濱商人・吟香の必死の説得にもかかわらず、内政・外交に多忙を極めた大隈には、吟香の所説に耳を傾ける余裕はなかったようである。従って、明治新政府が、外国貿易に取り組んだ形跡は存在しない。しかし、慶應四年（一八六八年）から明治十三年（一八八〇年）に至るまで、吟香は一貫して、一民間人の手で、「支那通商」を開始しようとしたのである。つまり、政府があてにならないなら、自分が初志を貫徹しようとしたのである。

二　吟香の上海進出を助けた、二人の中国人

中国への進出ということになれば、當時、限られた中国の開港場の中では、上海が選ばれるのは、理の

当然である。まして、吟香にはすでに、上海に対する土地感があった。

とは言うものの、外国人が上海で商売を始めようとするのは、容易でないのはあきらかである。

しかし、吟香には、中国人の知己があった。その一人が、中国商人魏学松である。魏学松は、慶應二年（一八六六年）から翌三年にかけて、吟香が上海に滞在していた時からの知り合いであったのは、すでに紹介した通りである。なお、町田實一氏の『日清貿易參考表』（明治二十二年、一八八九年）の横濱の部に「瑞徳號　學松」とあるのは、かれの店である可能性がある（上海におけるかれの商店は、「瑞興」號であった）。

この魏學松が、吟香の上海出店の道案内をつとめた可能性は多大である。惜しむらくは、それを証拠だてる資料が存在しないことである。

もうひとりの中国人は、王惕齋である。

吟香の四男・劉生の『新古細工銀座通』（岸田麗子跋、東峰書院、昭和三十四年、一九五九年）の「おもひで」には、

よく支那人が買ひに来てゐて、番頭さんが片言で「請坐！請坐！」なんどとやつてゐた。王テキサイ（字不明）といふ片腕のない支那人が、父のところへよく来たが、これは馬車にひかれたのだとか。多分、品物を賣り込みに来たものであらう。何しろ、日清戰争のぢき後のこととて、王テキサイといふ名が、大きな敵のやうな氣が子供心にして、反感を持つてゐたことなど思ひだす（昭和二年、一九二七年、五月四日）。

日清戦争が勃発したのは、明治二十七年（一八九四年）だったから、昭和二年（一九二七年）からは、ずいぶん昔の話である。しかし、この「王テキサイ」という名前は、見逃すことはできない。

吟香の明治時代の日記は、ほとんど残っていないが、明治二十四年（一八九一年）二月十五日の日記（朝倉治彦解説、近代日本学藝資料叢書第七輯、昭和五十七年、一九八二年）には、

十二時前に、予ハ、新富町の王惕齋の處に行く。向山黄村も来り居たり。三時過まで、酒のみて、咄す。是ハ、例年正月（この年には、二月九日が舊暦元旦）に惕齋が催す會なり。

とある。

王惕齋の新年宴会には、旧外国奉行の向山黄村（文政九年、一八二六年―明治三十年、一八九七年）も招待されているところを見ると、王氏は、それなりの教養の持ち主であったことが推測される。

岡鹿門（天保四年、一八三三年―大正三年、一九一四年）は、明治十七年（一八八四年）、中国旅行に出かける。出発前の同年六月十一日、岡は、東京で、楊守敬（一八三九年―一九一五年）に、蘇州・杭州への旅行をすすめられる。岡が、「通訳がいないので、それはむずかしい」と言うと、その場に居合わせた、王惕齋が、次のように言う。

王曰く、「僕、まさに歸路を蘇・杭に取らんとす。また、舌人を煩わさず」と。愓齋、久しく日東に住み、東語を善くす。乃ち、期日を訂す。

王愓齋は、約束通り、岡氏と蘇州・杭州をまわり、そして、自分の故郷（浙江省慈溪縣）まで案内する。岡鹿門は、同年七月十八日の日記（『觀光紀游』）に、

王君の門前に至る。王氏は、慈溪の大族なり。族人、同居三世、廣厦連宇、畫して十數區となし、竈を分かつも産を同じうす。男女の婢僕は、六七十名なり。吾、愓齋と横濱を発し、瀛海万里、食息寢處、日として相ともにせざるなし。遂に、その家を訪ぬれば、擧族歡迎、親の兄弟のごとし。

と記している。

ところで、王愓齋は、明治三十五年（一九〇二年）、大西鍊三郎著『学校管理法問答』の中国語訳を出版し、それに序文を寄せている。それには、「わたくしは、日本に滞在すること三十年、幸いにも明治維新を目撃した。この国の公徳の発達、実業の振興を目撃するたび、それが日本の小学校教育が根底になっていることに気づかれる」と記している。

序文は、「王仁乾愓齋氏、江戸の寓齋に書す」と結ばれている。われわれは、ここに至って、王愓齋の本名は「仁乾」なのであり、「愓齋」というのは、かれの字（あざな）か號であることを知るのである。岸田吟香を

はじめとする日本人は、かれに敬意を表して、「惕齋」と呼んでいたのである。

さて、王惕齋は、序文において、「自分の日本滞在は、三十年に及ぶ」と書いていた。ということは、かれは、明治の初年に来日したことになる。

事実、『新聞輯録』第五號「明治四年（一八七一）辛未十一月」（『日本初期新聞全集』第三三巻、ぺりかん社、平成三年、一九九〇年）には、

○清人王惕齋の話に、清國にて、時の宰相曽國藩といふ人、即今、訪賢館内に在る處(ママ)の學童の内、二十人を選み、洋外各國へ遣わし、天文地理及び兵學又は製器學等を學はしめんとす（下略）。

とあり、王氏が、明治四年（一八七一年）十一月には、たしかに日本にいたことを確認することができる。岡鹿門の日記に見られる通り、王惕齋は、ただの商人ではなく、日中の真の意味での交流につくす、高潔な人物であったことが知られる。吟香が、中国に乗り出すにあたり、かれを便りにしたであろうことは想像に難くない。

岡野増次郎氏は、傳記「岸田吟香翁」（『日本及日本人』三七三號、昭和十四年、一九三九年、六月號）の中で、実相寺貞彦の経歴談を引いている。

明治二十二年（一八八九年）八月、吟香翁の紹介状を持参して、上海の樂善堂を訪問したら、かね

て日本内地にて知人であった、王惕齋氏が絶えず出入りして居ったことを記憶して居る。

これにより、王氏は、銀座の樂善堂だけでなく、上海の樂善堂にも出入りしていたことが知られよう。すでに見たように、吟香は、明治八年（一八七五年）の春、その拠点を横濱から東京に移していた。東京に移ってからの吟香には、王惕齋は、最も頼りになる中国人であったであろう。

三　上海での商運

東京の樂善堂本店での経営とは異なり、上海樂善堂における吟香の経営は、いつでも順調というわけではなかったようだ。

吟香が、明治十六年（一八八三年）十一月二日、上海への旅の途中、神戸で認めた、故郷美作垪和在住の実弟・助三に宛てた手紙には、

（前略）金之義、猶跡ヲも遣し候積りニ者有之候へども、先日ゟ申ス通り、実ニ今年者、賣薬之困難ナル、旱魃ニ御座候間、如何可有之欤、猥りニ東京江も御申遣しニ不相成方、可然候。

と書かれている。

書簡の前半を省略してしまったので、読者諸賢には、わかりにくいところもあるのではなかろうか。文中、「跡ヲも遣(つかわ)す」とは、吟香はすでに、神戸に来る前に、美作・坪井の安藤善一宅で、弟・助三に借金の支払いにあてるため、一五〇円を与えていたのである。「跡」とは、さらなる送金を指して言ったものにちがいない。

さて、吟香は、明治十六年（一八八三年）、上海樂善堂の「賣薬之困難」は、「旱魃状態である」と言っている。おそらく、上海での薬の売り上げは、開店した明治十三年（一八八〇年）以降ずっと、同じ状態であったのではなかろうか。そのため、吟香は、弟に対して、自分の援助はあてにできなくても、東京の女房・お勝に頼ったりしてはいけない、と言い聞かせたのであろう。

そこで、吟香は、どうしたであろうか。わが吟香は、少しも屈することなく、売薬以外の道を見出したのである。それは、上海・イギリス租界の河南路の薬店から、ほど遠からぬ場所（四馬路）に、書店を開業したのである。

東京大学総合図書館には、旧紀州藩の「南葵文庫」所蔵の書籍が収蔵されている。そのうちの一冊に、『樂善堂書目』がある。この書目は、中国人読書人向けに書かれた中国語版であったためか、ほとんど日本人の目に触れたことがない、貴重書であると言っても過言ではない。

書目にはいくつかの序文がつけられているが、最も遅く、「光緒十三年（明治二十年、）丁亥二月」にものされた、「重刊樂善堂書房発兌書目叙」には、次のように記されている（原漢文）。

（前略）本堂、向（これまで）、藥房と合開して、新刻銅版縮本、幷に東洋（日本）旧書畫譜を専賣す。後、顧者の日に多きを賜るに因り、應接に暇あらず。因りて、去年丙戌（明治十九年、一八八六年）の春間、四馬路中の市〔街〕に在りて、樂善堂書房を分設し、専ら書籍を以て出售す。その儲（たくわ）えるところは、ただに家刻・銅版と東洋（日本）の舊書のみにあらず。（下略）

短文ながら、當時の上海樂善堂書房の情況が活写されている。つまり、樂善堂の主力商品は、目薬・精錡水にあらずして、「新刻銅版縮本」に移ったのである。

さらに、書目の本文を読み進めると、「銅板書籍」の筆頭に位置するのは、『五經體註』である。これには、「三層、附五經圖彙」という註が加えられている。「三層」とは、各ページは、三段組になっている、という意味である。また、『四書備旨』にも「三層」の二字を見ることができる。

上海樂善堂の出版が、中国で大当たりを取ったのは、四書・五經の各ページが、活版の三段組になっていたことに起因する。當時、中国では、役人になるのが出世の捷径であったが、そのためには、「科擧」という高等文官試験に及第することが不可欠の条件であった。

この試験には、四書・五經が必須の科目になっていた。しかも、本文だけでなく、注釈も、朱子の註によらなければならなかった。ところが、科擧の試験には、自分が持ち込めるだけの参考書を持参することが許されていた。とは言うものの、試験場に割り当てられた各自のスペースは、縦横二メートル前後の空間しかなかった。だから、持ち込める荷物の分量は、ごく限られていたのである。吟香は、そこに目をつけて、書物を、従来の木版ではなくて、活字版にして、各ページ、三段組にしたのである。しかも、各ページの印刷面の縦の長さたるや、一〇センチに満たないのである（『明治の傑人　岸田吟香』一四七ページ参照）。樂善堂の四書・五經が飛ぶように売れたのは、當然である。吟香が、河南路の本店の薬房以外に、四馬路に書房の分店を設けなければならなかった所以である。

とは言え、中国の国土は、広大である。それに、當時の交通・通信の手段は、極めて限定的であった。また、上海は、中国の各地方からは、はるかに遠かった。だから、吟香が出版の全国制覇をめざそうとしても、その希望もまた、限定的にならざるを得なかった。

折も折、明治十九年（一八八六年）三月、軍人・荒尾精（安政六年、一八五九年―明治二十九年、一八九六年）が上海で、吟香に面会を申し込んだ。

當時、日本は、明治維新の改革に成功し、日の出の勢いであった。一方、中国は、列強に租界の租借を強いられる等、「眠れる獅子」の状況にあった。また、當時の日本人は、「興亞」をスローガンとしていた。「興亞」とは、アジア諸民族が団結して、西欧の列強に対抗して、アジア中心の世界を樹立しようとしたのである。そのためには、日本人の力で中国を改革して、日本とともに、対西洋の共同戦線を張るようにしなければならない、と考えたのである。

荒尾のこの戦略と吟香の樂善堂拡大路線が一致した結果、吟香は、上海以外に樂善堂の支店を設けることにした。なお、吟香は、荒尾を「姪（おい）」と呼び、自らを「叔（おじ）」と呼ぶほどの熱狂ぶりであったそうである。

吟香は、丁亥（明治二十年、一八八七年）仲春（二月）刊の「樂善堂書目」の末尾において「本堂は、各省に支店を置いている」と前置きして、その住所を次のように記している。

一　漢口　洋街、仁齋醫院對面、樂善堂書藥房。
一　福州　南關外、中洲大街、樂善堂書藥房
一　金陵（南京）　南門内東牌樓申昌書局委託
一　天津　東門外、鍋店街、徳馨樓委託
一　北京　崇文門内東四牌樓六条胡同喬宅委託
一　廣東　省城隻門底心香閣書房委託
一　湖南　省城走馬巷大文堂書房委託
一　日本　東京銀座大街樂善堂書藥房発賣

こうしてみると、樂善堂の書薬の販売は、ほぼ中国全土に拡張されたことが分かるであろう。同時に、委託販売が多いことにも注意が引かれる。これは、吟香の日本国内における商売が、取次店を経由した商法であったこととも関係するであろう。

だが、明治二十二年（一八八九年）以降は、この商法は、変更されることになる。岡野増次郎は、「東亜先覚の巨擘　岸田吟香翁（中）」（『日本及日本人』三七三號、昭和十四年、一九三九年、六月號）において、次のように述べている。

明治二十二年（一八八九年）頃より、同二十七年（一八九四年）、日清戰後に至る間に於て、翁の統宰に係る、支那各地樂善堂支店の幹部として在任せし要員を挙れば、大約左の如くである。
上海支配人　山内嵓
北京出張所　宗方小太郎
天津支配人　赤津仁作
漢口支配人　中野二郎
重慶支配人　高橋謙
福州支配人　小倉錦太

一見して気が付くことは、中国人への委託が影をひそめてしまい、その代わりに、日本人が席を占めていることである。同時に、これらの日本人は、すべて荒尾精の意気がかかった、「志士」たちであったことである。

これらの「志士」たちは、いずれも若年でありながら、樂善堂の収入を私用に浪費することは絶えてなかったそうである。しかし、かれらが、商業の素人であったことに変わりはない。

岡野氏は、次のように書いている。

此等人物の甄別は至難であり、且つ、その幇助の程度を定むることも容易ならず、此の点に於て、搦め手たる勝子夫人より若干の掣肘を受けたので、二十二年以後は、上海行きも思ひ止まったのである。

つまり、吟香の中国との商業上の関わりは、明治十三年（一八八〇年）から同二十一年（一八八九年）までの九年間で終了したのである。後年、多くの評者が、吟香の中国貿易を「岸田の片貿易」と評する所以である。

草地浩典氏は、『岸田吟香雜録』において、明治二十年（一八八七年）二月十一日付の上海発の吟香書簡を載せてくれている。書簡は、実弟助三の息子・太郎に宛てたものである。

先月二十三日出書状、今月七日着、忝披見致候。（中略）御申越し之金之事者、承知致し、何と〔歟〕致し遣し度候へども、只今之處、如何共相成り不申候。東京店者、近來入費者相減じ居候へども、商業者大衰微ニ而、僅に營業致居候而已之姿ニ有之、支那ニ而も、厦門之支店焼失ニ而、千五百円餘之損亡相成り、漢口支店も近火ニ而、損亡不少候ニ付、甚困難致居、兼而も御存之通り、支那も近年益々商況不振ニ、拙者書藥生意、一昨年の吃虧以来、今以而恢復ニ到り不申、其上、妻児も参り居候ニ付、浪費多ク相掛り、困入居申候。右樣之折柄に付、とても當分之處、金力ヲ以而、相助ケ遣し候事、六ヶ識候。拙者、今年歸朝致候事も出来兼ニ存候。妻児者、不遠内ニ帰り候積りニ存候。（下略）

この書簡は、いろいろ重要な情報を提供してくれている。

まず、上海樂善堂は、われわれの予想とはちがって、かなりに経営が苦しそうである。書中、「書薬生意、一昨年の吃虧以来、今以而恢復ニ到り不申」とあるのが注意を引かれる。明治二十年（一八八七年）の「一昨年」は、明治十八年（一八八五年）に相当する。清朝の年號でいうならば、光緒十一年乙酉に該当する。乙酉は、三年に一度行われる、科挙の郷試（地方の選抜試験）が行われた年である。

われわれは、科挙の試験が行われれば、吟香の袖珍本（縮刷ポケット版）が飛ぶように売れると考えがちである。なるほど、明治十五年（一八八二年）壬午の郷試があった年と十六年・十七年には、吟香の袖珍本は、一年に十五万部の売上があったという（岡野氏、「岸田吟香翁」中篇）。

郷試の合格者は、翌年、北京における殿試に臨むのであるが、光緒十二年（一八八三年、明治十九年）の科挙の合格者は、中国全土でわずかに三一九名に過ぎなかった（『清朝進士題名録』中華書局、二〇〇七年）。不合格者は、三年後（光緒十四年戊子、明治二十一年）の郷試を待つわけだが、出題されるのは、依然として四書・五経である。一度買った袖珍本は、合格するまで、何度でも使うことができるのである。従って、吟香は、「柳の下のどじょう」を待つことができないのである。

また、明治二十年（一八八七年）二月二十一日付の吟香の書状は、重要なことをわれわれに教えてくれている。それは、この年（明治二十年、一八八七年）の年初、勝子夫人が子供連れで、上海に滞在していたことである。もちろん、商売上のアイデアや対外的な折衝は、吟香がやったであろうが、樂善堂の実務は、勝子夫人が切りまわしていたにちがいない。夫人は、上海樂善堂の商況をその眼で視察するために、上海にやってきたのであるが、「これでは、商売にならない」と判断したようである。

岡野氏は、「岸田吟香翁」中篇において、「搦め手たる勝子夫人より若干の掣肘を受けたので、二十二年以後は、上海行きも思ひ止まつたのである」と記していた。

もちろん、上海樂善堂だけは、完全に消滅したのではなく、岸田太郎氏等の親類が、ほそぼそと営業を続けていたようである。

この項を閉じるに際し、吟香の北京行きについて述べておこう。

石川伍一（慶應二年、一八六六年―明治二十七年―一八九四）は、明治十九年（一八八六年）三月二十二日には、天津に滞在していたが、この日の日記に、次のように記している（『石川伍一と其の遺稿』石川漣平編、人文閣、昭和十八年、一九四三年）。


此朝、岸田吟香氏、此度の北京の試験に付、書籍を販売する爲め、重慶號にて着津せり。此夜、吟香氏北京に向うて發す。時に明月皎々たり。


吟香は、明治十八年（一八八五年、乙酉）の不振を挽回すべく、必死の努力をしていたのである。

その二年後、宗方小太郎は、樂善堂支店を開くため、北京に到着する。『宗方小太郎日記』（神奈川大学・人文学研究所報二七號、二〇〇四年三月）の明治二十一年（一八八八年）九月と十月の記事には、

九月十八日
〔北京〕交民巷の我公使府に抵り、中嶋雄を訪い、岸田の書状及び贈物を面交し、小談。山口〔外三〕氏と乘車。正陽門を出で、琉璃廠に抵り、吉田清揚を樂善堂書房に訪う。郷試、售書の為に玆に在る者也。

十月二日
是日、琉璃廠の書鋪を閉す。順天郷試、終りを告げたればなり。吉田氏と殘書を検査し、之を箱中に装す。

とある。

明治二十一年（一八八八年）は、光緒二十一年戊子に相当し、三年ぶりの郷試が行われた年である。吟香が、明治十九年に北京を訪れたのは、これに備えた下準備であったであろう。

四　『呉中紀行』と『東瀛詩選』

袖珍版の『五經體註』や『四書備旨』は、営利を目的とした出版であったが、吟香には、必ずしも営利を目的としない出版があった。それは、『東瀛詩選』なのであるが、この書物の一手販売に関して、蘇州に滞在する、兪樾の承諾を得るために、蘇州に旅行した記録が、吟香の『呉中紀行』である。すでに述べたように、吟香は、慶應二年（一八六六年）から三年にかけて、ヘボンの『和英語林集成』の出版の助手として、上海に滞在したことがある。その時、吟香は、大作『呉淞日記』をものしたことは、前述した通りである。

帰国後の吟香は、明治維新の動乱を生き抜くため、かれの生活と意見の記録は、ごく断片的なものになってしまっている。だが、明治八年（一八七五年）、吟香は、銀座に樂善堂を立ち上げることで、その生活は、かなり安定することができた。そして、明治十三年（一八八〇年）には、上海支店を設立する事にも成功した。上海支店の経営は、最初のうちこそ、必ずしも順調ではなかったが、数年の奮闘努力の末に、経営を軌道に乗せることに成功したのである。

吟香の『呉中紀行』は、明治十六年（一八八三年）十二月二十五日から翌年一月二日に至るまでの上海―蘇州間を往復した紀行文である。惜しむらくは、蘇州から上海への帰路の部分が一部省略されてしまっていることである。なお、『呉中紀行』は、『朝野新聞』の明治十七年（一八八四年）二月二日から同年四月二十六日まで、断続的に十九回にわたって連載された。また、連載終了後の四月二十七日には、濹上漁史こと成島柳北（朝野新聞社長）の「讀呉中紀行」と題する一篇で、幕が下ろされた。

それでは、われわれは、『呉中紀行』を拾い読みすることにしよう。

明治十六年（一八八三年）十二月二十五日。

予、將に蘇州に遊ばんとす。未明に起て、旅装を整へ、箱・籠・敷・蓋を携へ、（吟香自注　支那の旅行は、必ず此四具を携へざるを得ず。箱ハ、衣服其の外、金銭雑物を入るるなり。籠ハ、帽子・鞋・靴・茶・菓子・茶碗・土瓶等の飲食具・手回り品を入れ、上に網を蓋ふ。敷・蓋ハ、敷物・夜具なり）、郭少泉・林慶榮を率ヰて、午後二点鐘に河南路の樂善堂を発し、数輛の車を連ねて、滬北の老閘（船着き場）に到り、船に乗る。

横山孫一郎・光元武雄・張豫章・葉新儂等数人、送りて埠頭に至りて、別る。本願寺の〔松林〕孝純上人も同船せり。聞く、日々蘇〔州〕滬〔上海〕間を往返する航船も数十艘ある由なれども、楚估越商、乗り合い多く、甚だ雜踏の様子に付き、予は、別に輕舟一艘を雇ひ切りにして、随意に遊覧せんとす。（下略）

吟香は、上海―蘇州往復の小舟を貸し切りにしたのだから、明治十六年（一八八三年）の樂善堂の商売は、極めて順調であったのであろう。

見送り人の筆頭に、横山孫一郎の名前を見るが、かれは當時、大倉組の上海支店長であった。その次に名前が見える、光元武雄（万延元年、一八六〇年―明治四十一年、一九〇八年。草地氏、前掲書による）は、安政二年（一八五五年）、吟香が病身を寄せた、作州別所の光元家の出であり、當時、上海樂善堂の日本人青年番頭（数えで二十四歳）であったであろう。また、張豫章・葉新儂の二人はおそらく、樂善堂の中国人番頭であろうと思われる。蘇州に同行した郭少泉・林慶榮の二人は、日本に行ったこともある中国人なので、吟香のために通訳をつとめたにちがいない。

ところで、吟香は、蘇州行きの船着き場で船に乗ったものの、「舟師云ふ、夜行は盜難の虞あり」という状況なので、その夜は、上海を離れることができなかった。二十六日は、日の出とともに、呉淞江を西に向かい、この日は、黄渡鎮（嘉定縣）泊。

二十七日、崑山県泊。

二十八日、蘇州府閶門外の太子碼頭着。宿屋・元和棧泊。

當時、上海から蘇州に行くには、手漕ぎの船では、まる三日もかかったのである。

なお、『呉中日記』を読みつぐことにする。

十二月廿九日

今日、天気好し。早膳終りて、将に〔兪〕曲園大史を訪はんとす。因て、數種の禮物を備へ、幷に邦人の近著二三部を携へて、〔郭〕少泉と偕に寓を出づ。（中略）曲園翁の宅は、馬醫科巷に在り。豫程大なる家にて、土人は、「兪公館」と称せり。門に至て謁を請ふに、門丁二三人あり、出で接して曰く、「大史、此比、病に罹れり。故に、來客を謝す、と」。予、思ふに、「是れ或は來客の繁多なるを厭ひて、門番に命じ置かれたる例の常套語ならんも測り難し」と。因て、懇に我が來意を述べ、名片を出したるに、門丁猶も承知せず。予云ふ、「然らば、強ひて會晤を請はず。只、余が大史の高徳を慕ふて、遥々御尋申したる來意を表せんが爲めに、帯び來りたる方物を曲園老夫子に呈せんとす。宜しく之を、御取次ぎ下されよ」と、名片を添へて、差出したるに、一人これを諾して、即ち廳堂の方に持行しが、暫くして、出で来りて曰く、「大史、病を力めて、閣下に接せんとす。請ふ、先づ此方へ来り給へ」と。案内して、長廊を過ぎ、一室に伴なひ入る。予等三人鵠立して待つに、程なく、曲園大史出来りて、丁寧に相揖し、甚だ恭敬なる挨拶あり。互ひに相譲りて、漸く座定まり、夫より筆談と通事を以て一二件の閒話を説き、幷に『曲園叢書』『右台仙館筆記』及び近著の『東瀛詩選』等を我等一手に發売せんことを請ひしに、大史喜んで之を許可せらる。

ここに至って、吟香の蘇州旅行の目的は、兪曲園から、その著書の一手販売の許可を得ることであったことが知られる。當時、兪氏は、中国でも第一流の学者であると認められていたから、かれの著書の一手販売は、上海樂善堂書房にとり、さだめしドル箱になり得たのである。吟香は、「曲園老夫子」と書いているように、俞樾（一八二一年―一九〇七年）は、明治十六年（一八八三年）當時、すでに六十三歳の老齢に達していたのである。

なお、吟香と兪曲園との会話は、「筆談と通事を以て」行われたとあるから、日本語ができる郭少泉と林慶榮とが、「通事」の任を果たしたことが知られる。

吟香が発売の許可を得た兪氏の著作のうち、『右台仙館筆記』の「右台仙館」とは、杭州西湖の西岸にあった、兪曲園の別荘である。
『呉中日記』は、まだ続いている。

大史、其應接の間、時々呻吟の声あるが如く、甚だ疲労の態あるを覺ゆ。據て、其脈を診せんことを請ふ。大史云く、「先月廿二日（今日は、支那十二月初一日）、西湖より歸るに、舟中、寒気殊に甚だしく、遂に此疾を得たり」と。之を診るに、脈拍百度に近し。舌上、黄苔あり。云ふ、「平生胃病あり」と。「嘗て藥を服し給ふや、否や」を問ふに、或る醫者の與へたる方箋を示せり。之を閲するに、黄著・肉桂等の類、凡そ二十幾味、所謂後生家の方剤なり。大史曰く「此藥如何」と。余云く、「可なり。然れども、此藥を以て能く貴痒を全癒すべしとは信ぜられず」と。大史曰く、「聞く、閣下、妙藥を以て世を済ふ、と。青嚢中、定めて仙丹ある可し。請ふ、一丸を賜へ」と。余曰く、「寓に回りて後、再び奉呈すべし。頃日、寒氣殊に嚴なり。深く貴痒の重きを加へんことを恐る。故に敢て長座せず。匆々揖別せんとす。只祈る、大史金玉の尊體、幸に天下の爲に珍重し玉へ。深く接芝の厚遇を感謝す」と。相揖して、辞し返る。大史自ら立ちて、送らんとす。余、〔郭〕少泉をして之を止め、且速に臥床に入りて、温臥調養せられんことを請ふ。大史、其の孫某をして、送て門外に至らしむ。

われわれは、はしなくも、吟香がかなりの漢方医学の知識の持ち主であることを知らされた。吟香も、兪曲園から「閣下」を以て呼ばれたのであるから、さぞかし満足であったにちがいない。

さらに、『呉中日記』は、翌日の記事を見せてくれる。

十二月三十日　晴

林慶榮に丸藥一包と書一通を添へて、曲園大史の處に送呈す。此藥は、即ち吉納鹽丸なり。余が曽て自用の為めに、東京より帶來る所にして、原田豊氏の處方に係る。今、これに用方・服量を付記して、曲翁に轉呈せしも、又一奇と云ふ可し。

明治十年代に入ると、吟香は、後に明治天皇の侍医になる、東京帝国大学の原田豊（嘉永三年、一八五〇年—明治二十七年、一八九四年）とも親交があったことが知られる。わが吟香はすでに、當代一流の人物の仲間入りを果たしていたのである。

それはさておき、『東瀛詩選』そのものの考察に入る前に、あと数日の『呉中紀行』を読み切ってしまうことにする。

明治十六年十二月三十一日

今日ハ、即ち陽曆の大晦日にて、東京の我が本店は、定めし繁劇なるべし。（中略）〔松林〕孝純来たり曰く、「明日ハ、我が元旦なるを以て、例の恵方参りの心持にて、虎邱山に遊ばんハ、如何」と。余云く、「尤も妙なり」と。

明治十七年一月一日

晴。早朝より起て、衣服を整へ、牖戸を開き、遙かに東方に向て、我が大日本天皇陛下の寶祚萬歳を祝し奉り、夫より、我が故郷美作の國なる老母及び舎弟等と東京なる妻兒眷属の安全を祈る。

（この日、松林孝純、事故ありて、遅刻。蘇州市内の観光に変更、北寺塔を見物。なお、松林は、蘇州に本願寺の別院を開く任務を持っていたようである。）

二日

昨夜、上海より書信、達す。中に、東京の家信あり。妻兒皆無事なり、商業も他の不景気に比すれば、好しと。大阪書肆・河忠の送状あり。「此度、古書三百餘部を玄海輪船にて積送る」と。又、作州舎弟の書信あり。「老母、健康なり」と。並びに云ふ、「徴兵令の改正に依り、大郎（ママ）を同人社より喚び返さんとす」と。

いくつか注記を加える必要がある。まず、大阪書肆・河忠であるが、これは、河内屋（本姓、赤志）忠七を指しているにちがいない。

『日本古典籍書誌学辞典』（岩波書店、一九九九年）「赤志忠七」によれば、

赤志忠七。明治時代、大阪の書肆。堂號は、忠雅堂。明治三十九年（一九〇六年）没、享年六十七。

慶應四年（一八六八年）四月、河内屋和助の別家として創業。當時、河内屋忠七と称した。鹿田靜七の妹婿。

とある。

話が先走りになるきらいがあるが、兪曲園は、『東瀛詩選』を編集したわけだが、ここには、江戸一代の数百人の漢学者等の作品が網羅されている。一読、中国人の兪氏が、どうやってこれだけの日本人の詩集を集めることができたのか、と不思議に思わないわけにはいかない。『東瀛詩選』の序文を見ると、資料の収集には、わが岸田吟香の関与がうかがわれるが、では、吟香は、どうやってこれだけの詩集を捜索できたのかが疑問になる。

わたくしには、『呉中日記』中の「河忠」の二字により、これらの疑問が氷解したように感じられたものである。大阪の著名な古書肆・鹿田靜七の妹婿なら、あの難題を解決するだけの収書が可能であったにちがいない。

なお、上海の岸田樂善堂の第三代になる、岸田太郎（実弟・助三の息）は、明治十六年（一八八三年）には、徴兵の年齢（二十歳）に達していたことから推すならば、その生年は、文久三年（一八六三年）前後であったらしい。同時に、かれは、中村敬宇の主催する「同人社」の生徒であったらしい。当然、伯父の吟香の助力も与って力があったにちがいない。

ここで、再び、『呉中日記』に戻ることにする。

一月二日、吟香は、船で、蘇州府の西北にある虎邱山をめざす。ここは、蘇州の府城から日本の距離にして一里くらい離れたところにある名所であり、一名、雲岩寺塔とも呼ばれていた。吟香は、故事来歴を多用しているが、それらのすべてを割愛せざるを得ないことを遺憾とする。

その帰途、一行は、京杭大運河を経由して、虎邱の東南にある、有名な寒山寺に向かう。ここで再び、『呉中日記』に戻ることにする。

（前略）余等みな上陸す。寒山寺も〔長〕髪賊の劫火に罹りたる後、僅かに形ばかりの假屋を作りて、佛像及び寒山・十得の像を安置せり。〔松林〕孝純和尚は、曽て此寺に寓居せしことあるを以て、舊知多し。依て、相共に境内を徘徊するに、頽壁處々に崩れ残り、蔓草荊棘の中に、大なる礎石、或は石柱等の瓦礫の間に倒れたるを見れば、昔時は、随分大寺なりしと思はる。山門の兩傍に、堵に沿ふて、石碑あり。左は、「月落烏啼」の詩を刻す。兵火に剥落して、読む可らずと雖も、書體を以て考ふるに、（明の）文徴明の筆跡に似たり。右は、（明の）唐伯虎（名寅）の「募化寒山寺鐘」の文なり。碑の半は、瓦礫中に埋没し、字も亦多く勒蝕して讀むべからず。余、曽て拓本一部を藏す。蓋し、劫火前に榻する者なり。今、此碑を視るに、宛然として、舊容を存す。宛も、少年時の照像（写真）を見るが如し。

寒山寺の見物を終った時、吟香の懐中時計はすでに、四時を過ぎていたが、郭少泉のすすめで、留園を見てから、蘇州に戻った。

一行は、蘇州一日の游に満足して、郭少泉（名は、宗儀）の七絶に和韻して、それぞれ絶句をものした。ここで、『呉中紀行』は終わるのであるが、上海から蘇州まで来るには、三日を要したから、帰路も同じ日数がかかったと思われる。従って、一月三日に蘇州を発ち、上海に戻ったのは、同月五日であったにちがいない。この往復八日間の旅は、吟香の中年以降、最も長く、充実した休暇であったにちがいない。『呉中紀行』を読んでいたので、つい、吟香と兪曲園とが、どのようにして接点を持つに至ったのかについての考察が後回しになってしまった。

兪曲園は、『東瀛詩選』の續編ともいうべき『東瀛詩記』の序に次のように記している。

壬午（光緒八年・明治十五年、一八八二年）之秋、余、痾気（やまい）を呉下に養う。日本国人・岸田國華あり、其の國人著わすところの詩集・百數十家を以て、余に選定を請う。（中略）秋より春に徂くまで、すべて五閲月、詩五千余首を選び得て、釐（おさ）めて四十巻となす。又四巻を補遺とす。是を『東瀛詩選』となす。

余、一集を読む毎に、其の出処の大概・学問の源流を略記して、姓名の下に附し、而して、凡そ佳句の未だ選に入らざる者、亦た或は摘録す。『東瀛詩選』は、彼の國より自ら刊付を行う。此れは則ち寫して二巻となし、余の著わすところの春在堂全書中に刻入す。題して、『東瀛詩記』と曰ふ。（下略）

光緒九年（一八八三年）夏六月　曲園居士兪樾記

岸田吟香が兪曲園を訪ねたのは、明治十六年（光緒八年、一八八二年）の年末であったから、その時にはまだ、『東瀛詩選』の編纂はまだ、完了してはいなかったのである。なお、兪曲園は、『東瀛詩選』の編纂は、壬午（光緒八年、明治十五年）に開始されたように書いているが、『呉中紀行』によれば、その翌年、つまり明治十六年、癸未、とするのがよいと思われる。

『呉中紀行』には、それと記されてはいないが、編纂の詳細については、吟香もまた、意見を述べたにちがいない。

それにしても、一介の外国人薬屋が、大儒・兪曲園とどのようにして知り合いになったのであろうか。この疑問を解決する史料としては、東本願寺の僧・北方心泉（嘉永三年、一八五〇年―明治三十八年、一九〇五年）の名前をあげなくてはならない。

かれは、何度か、中国と日本の間を往来しているが、明治十四年（一八八一年）、杭州の兪曲園を訪問したのだが、留守で会えなかった。だが、その翌年、杭州を再訪し、念願の対面を果たし、兪氏もまた、かれに好感を持つ。兪曲園が『東瀛詩選』の選定を引き受けるには、北方心泉の助力があったのは確かである。

五　樂善堂書房の落日

『宗方小太郎日記』（神奈川大学人文学研究所報第四十一號、二〇〇八年）明治二十六年（一八九三年）

一月八日の条には、

四馬路失火、樂善堂書房焼失すと云ふ。

とある。明治二十六年（一八九三年）當時、宗方はすでに、北京を引き上げて、上海に住んでいたのであるが、かれの日記は、あまりに簡略に過ぎて、被害の程度が分からない。だが、上海最大の新聞『申報』（「申」は、上海の古名）の同年一月十日號には、「詳述火災」の見出しで、

樂善堂中の古本・書籍は、汗牛充棟ほどの多数があったが、火災のために、ついに余燼を留めなかった。

と、被害の甚大さを伝えている。

すでに述べように、樂善堂書房こそは、吟香にとってのドル箱であったのだが、その焼失は、吟香の中国における活動に大きな足かせになったにちがいない。もっとも、岡野は、前掲論文において、

翁は、明治二十三年以後は、家庭上の都合により、且つ子女教育の為め、自然支那行きはまばらとなり、既設各支店の業務は、多年信用せる後進に任せ切りと云ふ風であった。

と述べている。

先に、明治二十年の吟香の甥・太郎宛ての書簡を引いておいたので、吟香の中国における経営が必ずしも順調ではなかったことは、ここには繰り返さない。

六　『醫界時報』の報道

岸田吟香は、自ら中国における商売の苦闘を語ることはほとんどなかった。だが、『醫界時報』第三二號（醫界時報社、明治二十七年、一八九四年、十月六日號）には、かれの苦闘がそれとなく述べられている。そこに引用されている、人名・地名の多さから判断すると、この雑誌の記者が、吟香に直接取材したらしい様子がうかがわれる。

◎上海樂善堂薬房

本邦賣藥家の泰斗たる、岸田吟香翁ハ、去る明治十二年（ママ）に、支那上海に東瀛仙傳の金牌を掲げ、樂善堂薬房を開設し、家傳の眼藥・精錡水を始め、其他種々の製藥を発賣したるに、最初の二三年間ハ、顧客甚だ少なく、出入常に相償はざりしが、翁ハ、自ら店頭に出て、顧客に接し、或ハ、他の藥業家を視察して、人氣に投ずるの招帖（「広告」の意）を配り、千辛萬苦、數年の後に至り、漸く支那人の信用を得たれども、彼國にてハ、古昔より賣藥の受賣をなす者なき習慣なるを以て、販路とかくに廣からず、因て其の原因を捜るに、彼國人ハ、殊に狡猾者多くして、取次の賣薬ハ、毎時みな僞製品と極り居る姿なるに依り、此上ハ、各地に支店を開くより外に策なしとて、明治十六年に始めて、湖北の漢口に分舗を開き、夫より引続きて福州の南臺中洲に壮大なる樂善堂薬舗を設け、廈門に其の支舗を置き、翌年に至り、北京崇文門外の琉璃廠に於て美麗なる一店を設けて、之を同義堂と號し、専ら精錡水と各種の丸・散・膏・丹を発売し、後また天津の紫竹林にも一の樂善堂薬店を開設したり。

（中略）

吟香は、日本においては、精錡水を委託販売にし、日本全国に出荷する方法を採用していた。だが、中国においては、この方法を採用することは、困難を極めたようである。

以下、『醫界時報』を読んでみることにする。

此たび、日清戰争となり、第一に暴害を蒙りたるハ、北京・天津の兩店にて、米國領事の説諭に依り、八月二日に閉店して、店員ハみな、上海まで引き上げたり。（再略）上海ハ、局外中立地なるを以て、在留の日本人も総て安心し居たりしに、是また、韓地の敗報、全く其實を傳ふるに随ひ、支那人の日本人に対する感情、ますます惡しく、遂に、米國領事の保護も行届きがたき場合と成りしに依り、在留の日本人ハ、郵船會社・三井物産會社・昆布會社・日華洋行、廣業商會・正金銀行などの大店を始めとして、俄に閉店して歸朝することに成りしかバ、岸田氏の樂善堂に於ても、止ことを得ず、夫々家財諸器物を取り纏め、各支店の店員を引き連れ、去月（明治二十七年、一八九四年、九月）、上海を出發し、歸朝の途に登れりと云う。實に是れ時運の然らしむる所と雖も、翁、十六七（ママ）年の辛苦も、空しく水泡に歸せんとす。豈愛惜に堪ざらんや。

『醫海時報』は、吟香の上海からの撤退を日清戦争の勃発（明治二十七年、一八九四年）とからめているが、その実、吟香は、明治二十二年（一八八九年）四月五日、上海から横濱に到着しているが、それ以後は、中国に渡った形跡はない。おそらく、その二年前、勝子夫人が上海を訪問して以後（前掲、岸田太郎宛ての書簡参照）、中国からの撤退を迫ったものと思われる。

上海樂善堂は、日清戦争後も依然として、初めて開店したと同じ、「上海英界河南路老巡捕對面」で営業を続けていた。そして、樂善堂大薬房が、『申報』に最後の広告を出すのは、一九一七年（大正六年）一月二十二日である。

なお、『廿一大先覺記者傳』（大阪毎日新聞社、昭和五年、一九三〇年）は、その末尾を次のような文章によって、締めくくられている。

上海の樂善堂は、かれの甥・太郎、これを繼承して栄えてゐる。この太郎と云ふのは、三島中洲の撰した、かれの記念碑文の資料となった稿本を作った人で、本傳は、主としてその稿本に基いて執筆したものである。

第八章　晩年の吟香

一　吟香の交友

晩年における、吟香の自筆の記録は、ほとんど残っていない。ただ、かれが毎日、日記をつけたであろうことは、明治二十四年（一八九一年）一・二月の日記からうかがわれるだけである（『岸田吟香日記』、近代日本学藝資料叢書第七輯所収、昭和五十七年、一九八二年）。従って、吟香自身の筆になる、かれの晩年の活動を知ることはできない。

吟香は、明治三十八年（一九〇五年）六月七日に没した。享年、七十三歳（数え年）であった。

吟香の死亡広告は、明治三十八年、一九〇五年、六月十日付の『東京日日新聞』に掲載された。遺族の代表は、次男の艾生（がいせい）であった。そして、「友人総代」として、子爵・長岡護美、金井之恭、巖谷修、北里柴三郎が名前を連ねている。

長岡護美（天保十三年、一八四二年―明治三十九年、一九〇六年）は、東亜同文會の副会長兼同仁會の会長であった。吟香は、中国から退いた後も、これらの中国関連の會の評議員をつとめていたのである。

続く、金井之恭（天保四年、一八七一年―明治四十年、一九〇七年）は、明治三筆の一人であった。吟香とは、書画を通じての友人であった。

巖谷修は、號の「一六」の方が通りがよいであろう。かれもまた、吟香とは文雅の交わりがあった。

最後の北里柴三郎（嘉永五年、一八五三年―昭和六年、一九三一年）の名前をここに見るのは、少し違和感があるのを告白しなくてはならない。かれは、ひとも知る、傳染病研究の泰斗であるからである。とは言え、吟香の死亡広告に、友人総代の一人として名前を連ねているからには、われわれの知らない密な交友があったのであろう。

さて、銀座の樂善堂は、次男の艾生（明治十八年、一八八五年—大正九年、一九二〇年）が後を継いだ。同時に、かれは、父親の吟香という名前も襲名した。

「艾生」の「艾（がい）」は、一見すると、中国人の姓であるかのように見える。だが、この「艾生」には、ちゃんとした意味があるのである。つまり、「艾生」の名付け親は、清朝の大儒・兪曲園であったのである。

『春在堂詩』巻十一には、次の七言絶句を見る。

日本人岸吟香、年五十を逾（こ）へて、始めて丈夫の子を挙げ、名を余に乞ふ。余、五十を艾と曰ふを以て、因りて之に名づくるに、艾生と曰ふ。并せて贈るに、詩を以てす。

半百、初めて聞く、雛鳳の鳴くを。
此の兒、まさに艾を以て名となすべし。
請う看よ、二十餘年後、
争って東瀛に向かい、艾生を訪うを。

その意味するところは、中国の『禮記（らいき）』曲禮篇（きょくらい）に、「五十を艾と曰ふ」とあるので、「艾生」とは、「五十歳で産んだ子」という意味なのである。吟香は、天保四年（一八三三年）の生まれだから、艾生が誕生した明治十八年（一八八五年）には、すでに数えで五十三歳になっていたが、兪曲園は、五十歳代という意味で、そう名付けたのであろう。

また、吟香の子供に、「劉生」（明治二十四年、一八九一年―昭和四年、一九二九年）という四男がいたことは、誰でも知っている。かれは、明治二十四年（一八九一年）の生まれだから、この年、吟香は、数えで五十九歳になっていた。「劉」は、中国音で「六」と同音である。事実、吟香が、明治二十八年（一八九五年）に校閲・刊行した、『學語須知』（松永清編）には、「六」に「リュー」というルビが振られている。吟香は、兪曲園にならって、「六十歳でできたこども」という意味で「劉生」と名付けたのであろう。

さて、吟香の没後数年たつと、かれを顕彰するための、記念碑建設の動きがあった。この件に関する最初の報道は、『醫海時報』第六八六號（明治四十年、一九〇七年、八月十日）に見ることができる。

◎岸田吟香翁の銅像

同翁が醫學界及藥學界に功ありたるを以て、下山〔順一郎〕博士等の發起にて、銅像建立の計劃あるよし。

これによれば、最初は、銅像の建立が計画されたようである。だが、明治四十二年（一九〇九年）三月六日付の『讀賣新聞』には、「故岸田翁の記念碑」と題する記事が見られる。當初の銅像は、その後、「記念碑」に変更されたようである。

二　岸田吟香翁紀念碑

（前略）近時、翁の知己、山下（「下山」が正しい）〔順一郎〕・丹波〔敬三〕等の諸博士及び重（ママ）なる同業者の主唱にて、茲に一大紀念碑を建設し、長く翁の高風を傳へんとするの計画あるは、洵に當を得たるものと云ふべし。資金募集、其他の取扱事務は、日本橋元大阪町八、高木與兵衛氏方である。

それから三年後の明治四十五年（一九一二年）四月十二日付の同紙には、「故岸田翁建碑式」という記事が掲載された。吟香の没年は、明治三十八年（一九〇五年）であるから、七回忌の記念として建立されたようである。

故岸田吟香翁の記念碑は、昨日午後一時、その建碑式をあげた。（中略）因みに、碑は、三島〔中洲〕（倉敷出身）博士の撰文を、日下部鳴鶴翁の書したるもの。凡て、一千三百餘圓を費やしたといふ。

この「吟香岸田翁碑」は、隅田川東岸の隅田川神社に現存する。

その碑陰には、イロハ順に、七段にわたって、一〇七名の姓名が刻まれている。それとは記されてはいないものの、建碑のための浄財を投じた人々の芳名録であるにちがいない。その姓名を通覧していると、吟香の交友が実に幅広かったことを知らされる。

碑陰を見ると、全体として八段になっていて、最後の八段目には、「発起人」として、十名の姓名が刻まれている。今、これらのひとびとの姓名を列記すると、

下山　純一郎
丹波　敬三
守田　治兵衛
松澤　八右衛門
福原　有信
喜谷　市郎右衛門
志村　釖七郎
河村　謙吉
橋本　治四郎
高木　與兵衛

これらの人名を通覧すると、そのすべてが薬業界のひとであることが知られる。

筆頭に位置しているのは、下山順一郎（嘉永六年、一八五三年―明治四十五年、一九一二年）である。かれは、東京帝国大学教授にして、日本最初の薬学博士である（『信用名鑑』、須藤常編、明治四十四年、一九一一年）。

二人目の丹波敬三（安政一年、一八五四年―昭和二年、一九二七年）も、下山と同時に、日本初の薬学博士になった。かれは、下山の死後、その後任の薬学教授になった。また、日本薬剤師会長をも務めた（「丹波敬三先生」根本曾代子、日本薬剤師学会雑誌、昭和四十三年、一九六八年、十月）。

三人目の守田治兵衛（天保十二年、一八四一年―大正一年、一九一二年）は、幕末・明治のベストセラー薬剤「寶丹」の発明者である。守田は、薬剤の製造・販売に従事しただけでなく、『秘薬類笈』という薬種の案内書をも編纂している。

四人目の松澤八右衛門（慶應三年、一八六七年―？）以下の人々は、『帝国薬業家名鑑』（帝国薬業協会編、明治四十三年、一九一一年）に、その名を見ることができる。

松澤八右衛門は、松澤商店の名前で、「神仙萬金丹」や「本方奇應丸」を商っていた。かれは、東京府の多額納税者でもあった（『人事興信録』昭和三年、一九二八年版）。

五人目の福原有信は、佐藤尚中が処方した「神藥」という万病にきく薬の発売元であった。「資生堂」という堂號を持っていて、薬種問屋であると同時に、薬用機械の販売を扱っていた。

六人目の喜谷市郎右衛門は、「實母散」の発売元であった。「實母散」は、『江戸名所圖絵』にも載っているほどに有名な漢方薬であり、江戸時代を通じて、庶民に親しまれた薬品であった（『東京模範商工品録』中山安太編、明治四十年、一九〇七年）。

七人目の志村釖七郎には、『藥業家必携』（藥剤月報社、明治二十七年、一八九四年）という著作がある。この本は、薬品の化学分析や売薬規則など、売薬に関する百科事典である。また、かれは、志村薬局という商店も経営していた。

八人目の河村謙吉は、『吟香日記』明治二十四年（一八九一年）一月十六日の条に、

河村謙吉、来ル。賣薬印紙を廢することを國会の議に附せんとて、主意書を持ち来ル也。

とあるのが参考になる。かれもまた、吟香と同業の売薬業者であった。『東京商人録』（横山錦柵編、明治十三年、一八八〇年）の「藥商之部」にも、すでにその名が見えている。

さらに、河村は、明治十八年（一八八五年）、岸田吟香らと共に、『時事新報』に対して、名誉毀損で訴訟を起こしている。『時事新報』が、売薬は、「水を飲み、茶を飲むに等しと云ひ、或は、病に関係なき賣物なりと之を極論」した社説を掲載したからであった。

九人目の橋本治四郎は、「ベスト膏」や「胃薬マルチネ散」を売っていて、進世堂というのが屋号であった。最後の高木與兵衛（万延一年、一八六〇年―大正二年、一九一三年）は、「清心丹」本舗の店主であった。

以上、「吟香岸田翁碑」建立の十人の発起人を通覧してみると、かれらはいずれも、高名な薬学者や売

薬業者であったことが知られる。同時に、晩年の吟香は、これら売薬業者の指導者として奮闘していたことが知られよう。

もっとも、上記の十名の発起人以外の一〇七人の賛助者の中には、井手三郎、根津一、宗方小太郎、山内嵓など、東亜同文会系の人々がいるにはいるが、その他の人々は、ほとんどが売薬業者ばかりである。

なお、志村釧七郎の『薬業家必携』（明治二十七年、一八九四年）の広告欄には、岸田吟香の売薬「滋養強壮　鐵飴煎」の広告が付載されている。

その第一行には、「帝國大学第一醫院第二醫院御用」とあり、さらに、十人の学者たちの推薦状が列挙されている。第一人目には、「大博士ベルツ先生方剤」、第五人目には、「原田豊先生（後に、明治天皇の侍医となる）經驗賞狀」、第九人目には、「下山純一郎先生試驗保証」、そして、第十人目には、「丹波敬三先生有効確証」とある。こうしてみると、吟香は、帝国大学の外国人お雇い医師や、高名な薬学教授たちとも親交があったことが知られる。もっとも、『ベルツの日記』を翻閲してみたが、岸田吟香の名前をみつけることはできなかった。

こうして見ると、明治二十七年（一八九四年）當時、吟香は、ただの売薬業者ではなくして、製薬・売薬の大実業家としての地位を獲得していたことが知られよう。銀座樂善堂の商売が順調であったろうことは、言うまでもない。

ところで、岸田吟香には、『衛生手函（てばこ）』と題する、著作がある（明治二十三年、一八九〇年、七月出版）。

この本は、いろは順に、「胃病」から「すりむき」に至るまでの、日常生活でかかりやすい病気やけがと、

これに対応する薬品名及びその発売元が紹介されている。その「凡例」の冒頭には、

一　此書は、山間海隅等の僻地にて、俄に醫者を迎ふるに不便利なる人の為に作りたる者にて、急病の手當またハ輕症の自療法、そのほか平生養生の心得等を主とし、服薬は醫者の處方に憑るべきなれども、僻地にては思ふ様にも行届き兼る者なれば、東京諸家の賣薬中にて、是まで經驗ある有名の良薬を選らみて記載する者なり。

と書かれている。

一読、われわれは、『呉淞日記』、慶應二年（一八六六年）十二月七日の記事を思いださせられる。

十二月七日

日本の學者先生たちが、ほんをこしらへるに四角な字でこしらへるが、どういふりやうけんで、ほねをおつてあんなむづかしい事をした物かわからねエ。（中略）だから、おいらハ、もしほんをこしらへれバ、四角な文字でハかかない。だか、年紀をいれておぼえたおかげにハ、今度支那へ來て、ちやんちやんぼうずと筆談するにハさしつかへがない。

吟香は、なるほど、『衛生手函』では、冒頭の「此書」のところだけは、四角な文字を使ってはいるが、

ほとんどの漢字に総ルビをつけていて、小学校卒業程度の者にも、読解ができるように配慮されている。たとえば、『衛生手函』冒頭の「いノ部」は、「胃病」が置かれている。

胃病　胃は、食物を消化する處なり。人もし日々硬き物を喰い、或は不熟の果物を好み、熱き湯・茶・酒などを飲めば、胃を損なふ（中略）茲に、胃病の妙薬を記すこと左の如し。

東京日本橋呉服町

○健胃強壮　胃散　太田　信義製

定価　大罐　金三拾銭　中罐　金貳拾銭　小罐　金拾銭

此の薬は、余が親しく経験したる胃弱症の妙効薬にして、如何なる重病といへども、一二週間持続して服用すれば、必らず疾苦を忘れ、速かに爽快を得る神妙なる良薬なれば、世間同症患者の爲めに、官許を得て、普く賣弘めて衛生の一助とせんとす。（下略）

ささいなことだが、慶應二年（一八六六年）には、吟香は、自分を「おいら」と言っていたが、明治二十三年（一八九〇年）には、「余」と自称している。かつて、幕末の吟香は、一介の書生に過ぎなかったが、『衛生手函』を書いた時にはすでに、日本有数の実業家になっていたからである。

さて、『衛生手函』の筆頭に位置する、「胃酸」は、太田信義（天保八年、一八三七年―明治三十年、一八九七年）が製造したものである。かれが、今日の「太田胃酸」の元祖であるのは言うまでもない。

このように、岸田吟香の『衛生手函』には、自家の薬剤のみならず、かれの眼鏡にかなった薬剤は、その薬効、製造者の氏名、住所をも紹介されていたのである。「吟香岸田翁碑」に、多くの売薬業者から、多額の浄財が寄せられた所以である。

なお、太田胃酸の初代は、吟香に先立って、明治三十年（一八九七年）に没しているから、「吟香岸田翁碑」の碑陰第二段目の「太田資良」は、信義の子息ではなかろうか。

岸田吟香年譜

和暦（西暦）	事項	年齢
天保四年（一八三三年）	作州中垪和谷村で誕生。父、徳義（三十一歳）、母小芳（十九歳）。	一　歳
天保十年（一八三九年）頃	中垪和畝村（谷村の隣村）の寶壽寺の寺子屋にかよう。	六　歳
弘化三年（一八四六年）頃	坪井下村の安藤簡齋に漢籍を学ぶ。後に、津山藩士・永田幸平に、津山の「教諭所」に学ぶ。	十三歳
弘化四年（一八四七年）	津山市（舊高田村）善應寺で私塾を開く（草地浩典、『岸田吟香雜録』）	十四歳
嘉永五年（一八五二年）	春、坪井の安藤簡齋を訪問する（『呉淞日記』）。	二十歳

嘉永六年（一八五三年）	十一月一日、作州・山西（善應寺の近く）で日食を見る。 善應寺での私塾の経営を終了。	二十一歳
嘉永七年（一八五四年）	春頃、津山藩大目付・上原存軒に随行して江戸に出る。 津山藩儒・昌谷精溪の塾に入り、『明朝記事本末』を読む。昌谷塾では、足利藩士・田崎草雲の一子・格太郎と同窓になる。また、元高田藩士・澤氏と「忘年の交わり」をなす。 十月十五日、津山の旧師・小原竹香に長文の手紙を出す。書中、新刊の『海國圖志』（魏源）に言及する。また、下田に入港したプチャーチンとの応接のため、津山藩の侍医、箕作阮甫と宇田川興齋が下田に急行したことを知らせている。	二十二歳
安政二年（一八五五年）	七月、江戸を離れ、美作・別所の光元邸で病を養う。（「岸田吟香先生遺墨」、『岡山縣名鑑』所収、杉謙二、明治四十四年、一九一一年）。 暮、大坂・藤沢天畡塾に移る。大阪で、越年。「岸生、岸生。学剣、学書、無一成」に始まる漢詩を作る。	二十三歳

和暦（西暦）	事項	年齢
安政三年（一八五六年）	二月、藤森天山、京都を経て、大坂に到着。大阪城内で講義する。 （吟香が面会したかどうかは不明）。	
安政四年（一八五七年）	五月下旬、南摩羽峰と同道、京都を経由して、江戸に向かう。京都で、南摩と共に、梁川星巖等を訪問する。 伊勢神宮に行く途中、吉野山で、清水卯三郎に偶然邂逅する（『呉淞日記』慶應三年一月十五日） 夏、江戸到着。「忘年之友」澤氏の訃報を知る。同時に、その妻から一人娘「うた」との縁談を懇請される。 この年の後半、吟香は、上野東漸院に住んでいたもよう。	二十五歳
安政五年（一八五八年）	四月頃、藤森天山塾に入る（『學海日録』）。 八月頃、上野・伊香保の「村夫子」になる。 藤森天山の仲介があったであろう。	二十六歳

年	事項	年齢
安政六年（一八五九年）	八月、澤氏「うた」を迎えに江戸に戻るも、「うた」女は急死する（學海『譚海』巻二）。 吟香は、一人で上野・伊香保に戻る。	二十七歳
文久一年（一八六一年）	六月十八日、伊香保で、擧母藩江戸家老、森宇左衛門（文化二年、一八〇五年―文久三年、一八六三年）に手紙を書く（『手紙雑誌』。書中、吟香は、自分の年齢を「二十九歳」と言っている）。 八月頃、江戸に来て、擧母藩の下屋敷の門番になる（森氏の温情による）。	二十九歳
文久三年（一八六三年）	春、擧母藩を脱藩して、再び、伊香保に行き、「村夫子」になる。（「横濱異聞」、『社會及國家』一八二號）。擧母藩家老・森氏は、前年から、中風にかかり、吟香を庇護することができなくなったらしい（十一月没。年五十九）。	三十一歳
元治一年（一八六四年）	横濱・江戸を往来し、書画の露天商になる。	三十二歳

和暦（西暦）	事項	年齢
元治一年（一八六四年）	書画のブローカーになる。	三十二歳
慶應一年（一八六五年）	夏頃、吉田六三郎（方邨）と共同で、吉原で遊郭を開業。冬、火災にあい、深川で「仮宅」に住む。 四月下旬　清水卯三郎の紹介で、ヘボン館に入る（「横濱異聞」（一））。 清水卯三郎『わがよのき』	三十三歳
慶應二年（一八六六年）	九月十日、イギリスＰ＆Ｏ社の「カディス號」で横濱発、上海へ。 九月十五日、上海着。アメリカ監督派教会の宿舎に入る。吟香、楽しい外国生活を送る。ヘボンの辞書の校正を手伝うかたわら、上海の書画・骨董店をのぞく。毎日、長文の日記『呉淞日記』を書く。 十月中旬、ヘボンと同道、寧波往復。寧波でも、書画骨董店をのぞく。 十二月一日、バンドにある瓊記（ハード商会）を訪問して、友人「弘光」（その実、帰化米国人、ジョセフ・ヒコ）の香港からの戻りを問い合わ	三十四歳

慶應三年（一八六七年）	せる。 一月十日、弘光、香港から戻り、香港で刊行された、漢字新聞紙をみやげにくれる。 弘光と、密接に交際する。 一月十五日、思いがけなく、大勢の日本人が上海に到着する。清水卯三郎は、パリ万博に向かい。また、高橋由一（団長・名倉松窓）らは、太平天国軍から奪回されたばかりの金陵（南京）をめざす。 一月末、王韜、香港から「日本八戸弘光の金陵に遊ぶを送るの序」を送り届ける。 一月二十八日、高橋由一、吟香の宿舎を訪問する。 以後、高橋日記に吟香の記録なし。 二月十二日、高橋由一等、官船で金陵に向けて出発。吟香、同行せず。 ヘボンの許可が出なかった模様。吟香は、この頃の日記を、後日破棄したらしい。	三十五歳

和暦（西暦）	事項	年齢
慶應三年（一八六七年）	二月十四日、高橋等、金陵（南京）に到着。 二月十七日、高橋等、金陵を出発。 二月十八日、高橋等、蘇州に停泊。 二月十九日、高橋等、上海に到着。 三月二十四日、高橋日記に、「馬路街散歩。途中、吟香に出会」とあるのみ。 四月一日、高橋ら、上海を出発して、同月六日、横濱着。 『呉淞日記』は、四月一日から四日の記事までで、それ以後の清書が放擲される。 四月十四日、吟香とヘボン、「エゾ」號で、上海を離れる。同日、揚子江との合流点で、アメリカ太平洋汽船の「コロラド」號（三七五〇トン）に乗り移る。 四月十九日、吟香とヘボン、横濱に安着。 吟香は、帰国後、ヘボン館を出て、横濱に住む（海屋・伊勢屋）。 四月二十九日、ヘボン、幕府・外国奉行宛てに、『和英語林集成』の版権の保証を求める。	三十五歳

慶應四年 （一八六八年。 九月八日、 「明治」と改元）	五月二十一日、幕府、ヘボンの版権を認める決定をする。 萬屋兵四郎が代理店になる。 七月中、ヒコ、長崎に到着、奉行所に届ける（「長崎居留地外国人名簿」）。 十一月頃、吟香、仲間とともに、横濱―江戸往復の蒸気船業にとりかかるが、手頃な蒸気船の購入に苦心する。 一月二十日頃、手ごろな蒸気船を買うために、上海に渡る。失敗。 三月十日、横濱に帰ると、横濱―江戸間に「稲川丸」が就航していた。 「稲川丸」は、長崎奉行所から持ち出した官金を流用したものであった。 五月四日、長崎から大隈八太郎が、官金の行方をさがしに来る。 大隈は、横濱の「海屋」で吟香と知り合いになる。 大隈はすでに、長崎で弘光と出会い、吟香を紹介されていた模様。 大隈は、吟香の助力で、官金の行方をつきとめ、「稲川丸」をとりあげて、これを吟香に与える。 八月二十九日　横濱―江戸間の蒸気船業を開始する（料金、一人一分）。 九月十五日、吟香は、長崎に戻った大隈に、「江戸往返輪船も、八月二十九日より相始」と報告。吟香、はじめて生活の安定を得る。	三十六歳

和暦（西暦）	事項	年齢
明治二年（一八六九年）	五月頃、小林勝子（十五歳）と結婚。	三十七歳
明治四年（一八七一年）	八月十六日、『横濱毎日新聞』に、一週間連続して、初めて「御めぐすり」の広告を出す。 十一月六日、ヘボン夫妻、『和英語林集成』第2版の出版のため、上海へ。	三十九歳
明治五年（一八七二年）	二月二十八日、加藤清正の木像を東京の細川侯藩邸に、自分の持ち船「奮迅丸」で送る（汽船業の終了）。この頃、キリスト教に入信か。 四月十九日、アメリカ「太平洋汽船會社」のオレゴニアン號で、約二十年振りの帰省の途に就く（神戸まで）。大藏大輔・井上馨、造幣権頭・益田徳之進（後の「益田孝」）と夕食をともにする。 四月二十一日、神戸着。友人に誘われて、船で岡山に向かう。 四月二十二日、岡山に着く。最初は、人力車で、途中から、駕籠で郷里・大瀬毘に向かう。	四十歳

	四月二十五日、故郷・垪和村大瀬毘に着き、老母と再会する。 四月二十九日、大瀬毘を出て、坪井下村の安藤善一を訪ねる。 五月二十六日、神戸から「ニューヨーク」号で、井上馨と同道、帰路についた模様。 五月二十八日、横濱着。	
明治六年 （一八七三年）	九月頃、東京日日新聞に入社。	四十一歳
明治七年 （一八七四年）	四月十六日、品川出帆、臺灣へ。 五月十七日、長崎出帆。 五月二十二日、臺灣南部瑯璚湾に到着。 六月二十日、病気のため、臺灣を離れる。 十二月七日、「御めぐすり」の広告を、『東京日日新聞』に載せる。	四十二歳
明治八年 （一八七五年）	四月頃、横濱から東京・尾張町へ転居。 十月、尾張町から銀座へ移転。銀座の煉瓦造りの豪邸・樂善堂に住む。	四十三歳

和暦（西暦）	事項	年齢
明治八年（一八七五年）	十月二十三日、『東京日日新聞』に四日連続で、「目薬精錡水効験書」を掲載する。「御目薬」は、この頃、初めて「精錡水」と名付けられた。同日、『東京日日新聞』の編集長を辞任する。	四十三歳
明治九年（一八七六年）	六月二日、明治天皇の東北巡幸に随行。『東京日日新聞』に「御巡幸ノ記」を連載する。（七月二十一日、帰京）	四十四歳
明治十一年（一八七八年）	八月三十日、明治天皇の北陸・関西地方巡幸に随行。（十一月九日、帰京）前回同様、『東京日日新聞』に「御巡幸の記」を連載。	四十六歳
明治十二年（一八七九年）	八月二十八日、コレラを逃れるため、家族・従業員の一行十五人で、人力車で伊香保に向かう。約一ヶ月、伊香保に滞在。銀座の樂善堂は、経営が順調だった。	四十七歳

明治十三年（一八八〇年）	三月十三日、上海英租界・河南路に樂善堂支店開業。 五月下旬、東京に帰る。上海樂善堂は、元画家の圓山大迂を日本人番頭にし、ほかに中国人番頭を二名雇っていた。 七月二十八日、上海の『申報』に精錡水の広告を載せる。	四十八歳
明治十四年（一八八一年）	八月、美作の安藤簡齋を銀座の自宅に招待し、歓待する。	四十九歳
明治十五年（一八八二年）	三月二十九日、横濱出帆、上海に向かう。 この年、科擧用の袖珍版を売り出し、巨利を得る（ただし、一回のみ）。 十月、駐清公使・榎本武揚と上海で面会。ほどなく帰国か。	五十歳
明治十六年（一八八三年）	十一月、安南使臣に、上海樂善堂で面会。 十二月二十五日、上海を発ち、蘇州の兪曲園を訪ねる。『東瀛詩選』の一手販売の承認を得る。光元武雄（二代目番頭）、見送りに来る。『呉中紀行』あり。	五十一歳

和暦（西暦）	事項	年齢
明治十七年（一八八四年）	一月五日頃、上海に戻る。 六月六日、岡鹿門を上海に迎える。 十二月三日、上海を出発、帰国の途に。見送り、光元武雄。	五十二歳
明治十八年（一八八五年）	六月頃、上海に渡航。 この年、次男「艾生」誕生。 兪曲園の命名。「艾」とは、「五十歳」の意。	五十三歳
明治十九年（一八八六年）	春、大アジア主義者・荒尾精、上海の吟香を訪問。 三月二十一日、吟香、天津着。 即日、北京に向かう（石川伍一日記）。 北京には、数週間滞在した模様。	五十四歳
明治二十年（一八八七年）	初春、勝子夫人、上海に来る（二月十一日付、岸田太郎宛て書簡）。	五十五歳

年	事項	年齢
明治二十一年（一八八八年）	三月二十二日、漢口に向かう。 五月十九日、上海に戻る（『申報』による）。 上海で越年した様子。	五十六歳
明治二十二年（一八八九年）	四月五日、横濱着（以後、上海には行かず）。	五十七歳
明治二十三年（一八八九年）	七月、自著『衛生手函』（自他の売薬効能書、イロハ順。総ルビ）刊行	五十八歳
明治二十四年（一八九一年）	六月二十三日、四男・劉生誕生。「劉」は、「六」と同音。 兪曲園の命名にならって、「劉生」と命名。「六十歳でできた子」の意。	五十九歳
明治二十五年（一八九二年）	この年、『東京藥事新報』顧問になる。	六十歳

和暦（西暦）	事項	年齢
明治二十七年（一八九四年）	八月一日、日清戦争、始まる。山内嵓・藤田捨次郎等、上海樂善堂の関係者、従軍。 十月五日、広島で宗方小太郎（海軍軍令部嘱託）にめぐり会う。	六十二歳
明治二十八年（一八九五年）	この年、七男・勝利（しょうり）誕生。	六十三歳
明治二十九年（一八九六年）	十月三十日、荒尾精、臺北にて病死。 十二月七日、築地・本願寺にて、荒尾精の葬儀に参加。	六十四歳
明治三十年（一八九七年）	二月十三日、日本薬学会常議員になる。 編集委員になる（没年に至る）。 十二月十二日、宗方小太郎・白岩龍平・田辺安之助らと「同文会」を組織。吟香以外の三十四名は、在上海。	六十五歳

年	事項	年齢
明治三十一年（一八九八年）	十一月二日、「東亜會」と「同文會」を合併して、「東亜同文會」が成立。会長は、貴族院議長・近衛篤麿。吟香は、評議員になる。	六十六歳
明治三十四年（一九〇一年）	五月二十六日、東亜同文會、南京の「同文書院」を上海に移し、「東亜同文書院」と改称。	六十九歳
明治三十七年（一九〇四年）	七月三十日、最後の著作『俄國西比利亜経営輿地圖』刊行。	七十一歳
明治三十八年（一九〇五年）	六月七日、銀座楽善堂で逝去。 六月十日、谷中霊園で、キリスト教式葬儀を行う。会葬者、一〇〇〇人。 十二月九日、妻・勝子、死去。享年、五十一歳。	七十三歳
明治四十五年（一九一二年）	六月、隅田川神社に「吟香岸田翁碑」が建立される。	

【か行】

【索　引】

【あ行】

【た行】

【さ行】

【ま行】

【な行】

【は行】

【ら行】

【わ行】

【や行】

あとがき

一　宮代町立図書館との出会い

本書を書き上げる上で、最もお世話になったのは、埼玉県宮代町立図書館である。

平成二十六年（二〇一四年）の五月のある日、『産経新聞』埼玉版に、「あなたの町に国会図書館」という見出しで一つの記事が掲載された。読んでみると、国立国会図書館が制作したデジタル資料が、インターネットで配信され、宮代町立図書館が、その受信を開始した、というのである。最初に頭に浮かんだのは、「本当だろうか？」ということであった。何となれば、埼玉県立図書館にもまだ導入されていないというのに、町立図書館がこれを導入したというのは、ほとんど信じがたいことのように思われたからである。

わたくしは、国立国会図書館がデジタル資料を制作しており、約十年くらい前から、これを閲覧するための、専用のデジタル・ルームが特設されているのを知っていた。デジタル資料というのは、国立国会図書館が「後世に残すに値する」と判断した貴重書をデジタル化したものである。そこへ行ってみると、ヘルパーが常駐していて、パソコンを使っての閲覧の仕方や、自分が必要とする資料を選択して、その範囲を指定する方法（トリミング）などを教えてくれた。ただし、印刷は、国会図書館複写受託センターで行うことになっていた。

この方法は、すこぶる便利であった。何となれば、国立国会図書館では、通常の図書の請求には、それが出てくるまで、少なくとも三〇分くらいは、待たねばならなかった。だが、デジタル資料は、パソコンの前に腰を下ろせば瞬時に、画面上に望む資料が目の前に表示されるからである。

唯一の難点は、国立国会図書館に行かなければ、この恩恵に浴することができないことであった。わたくしの自宅から国立国会図書館に行くためには、電車で少なくとも、約一時間半は必要とする。すでに、古稀を過ぎた年齢の身には、往復するためだけでもかなりのアルバイト（原義は、昔の学生用語で「労働」という意味。ここでは、「頑張り」というほどの意味）を強いられる。だが、インターネットで送信されて来るのならば、約一〇分前後のドライブで、宮代町立図書館に行くことが可能なのである。

二　キッチリヤマのキチエモン

わたくしは、その昔、高峰秀子のファンだった。彼女は、ゆるみのない仕事をするひとを「キッチリヤマのキチエモン」と呼ぶのが常であった。わたくしにも、「キチエモン」がいる。それは、永原紀子様である。彼女はかつて、岸田吟香の生誕地の入口には「岸田先生生誕之地」という標識が出ていると教えてくれた。この言葉に引かれて、わたくしは、数年前、吟香の生誕地に立つことができた。

この時の体験こそ、わたくしが岸田吟香傳を書くきっかけになったのである。もし、吟香の生誕地に立つことがなかったなら、本書は生まれなかったにちがいない。

吟香傳を少し書いた段階で、紀子様に、眼を通していただき、いろいろと貴重なご意見を頂戴することができた。ここに記して、謝意を表する次第である。

最後に、岸田吟香記念館、『岸田吟香雑録』の著者・草地浩典氏、津山洋学資料館、吟香が私塾を開いた、善應寺様、その他、津山関係のおおぜいの皆様にお世話になりました。ありがとうございました。

末筆ながら、この本の出版には、日本文教出版の外山倫子さんには、一方ならぬお世話になりました。この本のカバーは、外山さんの力作なのです。

著者紹介

山本　巖

昭和 16 年生まれ

漢文学専攻

e-mail：yama-tora@mvc.biglobe.ne.jp

岸田吟香傳

二〇二二年十一月三十日　初版発行

定　価　三三〇〇円（本体三〇〇〇円＋税）

著　者　山本　巖

発行者　荒木　裕子

発行所　日本文教出版株式会社

（〒七〇〇―〇〇一六）

岡山市北区伊島町一丁目四―二三

電話〇八六―二五二―三一七五

振替〇一二一〇―五―四一八〇

URL http://www.n-bun.co.jp/

印刷所　株式会社三門印刷所

製本所　日宝綜合製本株式会社

ISBN978-4-8212-9289-9